Spiel

Norbert Trawöger

übermorgen

Spiel

Norbert Trawöger

Zur besseren Verständlichkeit wird im folgenden Essay auf die gleichzeitige Verwendung männlicher und weiblicher Sprachformen nicht nur nicht verzichtet, sondern es wird ein Spiel der Möglichkeiten gepflegt. Das Geschlecht spielt eine Rolle. Sollte das generische Femininum zur Anwendung kommen, sind alle Geschlechter gleichermaßen gemeint.
Männer (aus und außerhalb von Flake), bleibt ruhig und im Spiel.

Aus dem Wollen hinaus. Tiefer
zu einer anderen Grenze, der Schwung,
der sie findet, ist der Anfang ...

Alfred Kolleritsch

Für meine Töchter
und für alle,
die sich gelegentlich auf den Kopf stellen,
um auf die Füße zu fallen.

Wir spielen alle

Vorspiel

Ven ich ervagseng bin. Nur für einen Augenblick hatte ich das Zimmer verlassen, um mich bei meiner Rückkehr zu fragen, was mir über die Tastatur gelaufen war. Durch lautes Lesen machte ich Bedeutung und Urheberin aus. Kann man mit einem verballhornten Satz ein Buch anfangen? Man kann, wenn man will. Meine siebenjährige Tochter konnte und ich wollte. „Papa, jetzt lerne ich dir etwas, was die Erwachsenen noch nicht können!“, hat es ihre kleinere Schwester in anderem Zusammenhang auf den Punkt gebracht. Zum Beispiel dem Unbegreiflichen, dem Unsinnigen nicht gleich zu misstrauen, denn das hält uns im Spiel. Um dieses soll es in diesem persönlichen Versuch der Annäherung gehen, den ich wage, auch *wenn ich erwachsen bin*. Ich meine es ernst mit dem Spiel.

Wir spielen Ball, Flöte, Roulette oder die Heldin. Die Zeit spielt uns in die Hände, wieder andere spielen auf Zeit. Er will ja nur spielen, heißt es, wenn die Lage scheinbar ungefährlich ist. Kinder spielen einfach, viele trainieren es, manche Erwachsene betreiben es beruflich. Wir verderben (jemandem) das Spiel, spielen mit dem Feuer, Verstecken oder Katz-und-Maus. Das Geschlecht spielt keine Rolle, behauptet der, der den starken Mann spielt. Wir setzen aufs, kommen ins Spiel. Spielen ist Kochen ohne Rezept. Musizierende spielen Bach, Heranwachsende am Bach. Wir spielen ein doppeltes Spiel, uns mitunter um Kopf und Kragen. Nur verspielen will (sich) niemand. Wir spielen auf, an, um, ab und zu. Aber wenn es ernst wird, haben wir ausgespielt. Dann gelten andere Spielregeln und die Spielplätze werden versperrt. Wir spielen alle. Spielen ist Zustand und Arbeit, Absicht und Zufall, Ausnahme und Regel. Es geschieht einfach, wir arbeiten hart dafür oder vergessen völlig darauf.

Spielen wir mit offenen Karten: Ich habe mich ins Spiel gebracht und bin Flötenspieler. Das habe ich studiert, jahrelang Tag und Nacht geübt und spiele nun trotzdem oft die erste Geige, ohne sie je gelernt zu haben. Ich bin Künstlerischer Direktor eines der größten Spielkollektive Österreichs, des Bruckner Orchester Linz, und war schon einmal Zirkusdirektor: „Sie waren doch Zirkusdirektor bei der Kinderklangwolke vor sechs Jahren?“, fragt mich ein Mann auf der Straße, an der Hand seine Tochter im Volksschulalter. Ich nicke überrascht. „Sie haben damals unseren Kindern empfohlen, mehr mit uns Erwachsenen zu spielen, denn wir Erwachsenen würden dies ganz notwendig brauchen. Das habe ich mir gemerkt.“ Wie das Leben spielt, der Unbekannte hat mich daran erinnert, dass ich ihn damals daran erinnert habe, was mich unablässig bewegt und was wir nicht vergessen dürfen: das Spielerische, das Spielen. Das Spiel in all seinen Aggregatzuständen begleitet mich mein Leben lang. Ich bin professioneller Spieler, meide Spiele des Glücks und des Sports und könnte mir ein Dasein ohne das Spielerische nicht vorstellen. Es eröffnet Möglichkeiten: manchmal die, bei vollem Bewusstsein fliegen zu können oder einfach mit den Herausforderungen des Lebens umzugehen.

Prinz Philip eröffnete 1969 eine Veranstaltung in Kanada mit den Worten: „I declare this thing open, whatever it is.“ Ich erkläre die Spiele für eröffnet, welche immer sie sein mögen, was Sie schon am Anfang dieses Buches bemerken konnten. Erwarten Sie keine Wettspiele, zwischen Spiel und Spiel ist ein Unterschied, der im Englischen mit „play“ und „game“ präzis benannt ist. „Game“

bedeutet meist Wettkampf, wie etwa beim Tennis- oder Kartenspielen. Das „play“ ist viel mehr und auch für das „game“ niemals auszuschließen. Ich spiele in diesem Buch persönliche Spielzüge aus, die wie in einem Mobile zusammenhängen. Ein frei hängendes, leichtes Gebilde, das Sie in seinen Einzelteilen, in welcher Reihenfolge auch immer, betrachten und ausbalancieren können. Dieses Spielmobile bewegt sich in den Luftzügen Ihrer Wahrnehmung. Wenn Sie der eine oder andere zu eigenen Spielzügen anstiftet, haben wir alle gewonnen. Wer wagt, gewinnt – zumindest an Erfahrung.

Wenn Sie sich nicht angespielt fühlen, lassen Sie sich keinesfalls aus der Ruhe bringen, den Ball vorbeirollen und klappen Sie das Buch zu.

Aufforderung zum Tanz

Noch ein Vorspiel

Eine befreundete Tänzerin erzählte mir, dass sie inmitten der „lockdownfreien" Pandemiezeit nach einem Workshop mit ihrer Tanzgruppe mit der U-Bahn gefahren sei. Die Rolltreppe, die ins Freie führte, habe plötzlich angehalten. Die Menschen rundherum seien nach allen Seiten gefallen und umgekippt, nur die Tänzerinnen hätten sich mühelos in Balance gehalten. Sie seien elastisch und wach im Spiel geblieben, trotz abrupten Stillstands. Die Tänzerinnen hätten durchlässig reagiert und seien nicht in Verfestigung erstarrt, die einen bei Eintritt eines unerwarteten äußeren Ereignisses ausgeliefert sein lässt.

Diese Geschichte hat mich als Bild ergriffen, das für unsere Zeit stehen könnte. Das Virus und seine Auswirkungen halten uns in einem unberechenbaren Stop-and-go-Modus. Jene, die bereit sind, die Möglichkeiten oder Unmöglichkeiten wach anzunehmen, bleiben im Spiel. Dazu gehört, dass die Möglichkeitsmuskulatur aktiviert ist, wie das beim Tanzen der Fall ist. Lassen wir sie verkümmern, berauben wir uns bei Verlassen des Normalzustands der Beweglichkeit und unserer Handlungsfähigkeit. Dies gilt nicht nur in Pandemiezeiten. Die oder der Spielgeübte und -bereite bleibt handlungsfähig, wenn es ernst wird.

Bitte nicht stören!

„Was habt ihr heute im Kindergarten gemacht?“, frage ich meine Tochter. „Gespielt haben wir!“, antwortet sie mit offenkundiger Verwunderung über meine Frage. „Was habt ihr gespielt?“, bohre ich weiter. „Einfach gespielt!“, sagt sie. Als alter Verfechter der menschlichen Räume des Zweckfreien, des Ungreifbaren, wie sie in der Kunst häufig erfahrbar sind, fühle ich mich ertappt.

Kinder nennen die Dinge beim Namen, nicht beim Nutzen. Wer spielt, spielt einfach. Mehr geht nicht, mehr braucht es nicht. Es ist keine Frage nach dem Was, Warum oder Wie, noch zielt das Spiel in erster Linie auf Unterhaltung ab. Kein Mensch würde fragen: „Was hast du heute geatmet?“ Spielen gehört zur Grundanlage, zur Werkseinstellung von uns Menschen. Wir kommen

Immer öfter beobachte ich Eltern, die ihren Kleinkindern ihre Smartphones unter die Nase halten. Die Erziehungsberechtigten verabreichen dem Nachwuchs ein Narkotikum, um in Ruhe gelassen zu werden, und verspielen damit einiges an Erziehungsberechtigung. Das bricht mir das Herz, weil die menschliche Souveränität, mit sich selbst zu sein, aufs Spiel gesetzt wird. Zweijährige sitzen auf ihren Hochstühlen und starren wie hypnotisiert auf die kleinen Bildschirme. Die Sucht, untätig von außen belebt und unterhalten zu werden, ist kaum wieder loszuwerden. Die grundgelegte Spielmuskulatur beginnt zu verkümmern, das Spielvermögen wird verspielt.

Der Spielraum ist jener Ort, an dem wir die Welt erfahren, wo Fantasie sich zu entfalten beginnt, wo das Staunen und die Würde zu Hause sind. Es ist ein Areal, wo man Langeweile auszuhalten lernt, um in Eigenbewegung zu geraten. Es ist ein Fitnessstudio für unsere Spielmuskulatur, die wir zum Gestalten und Schöpferisch-Sein brauchen. Je mehr sie trainiert wird, umso größere Gewichte können gestemmt werden. Das Spielerische liegt (in) uns allen, will geübt und nicht nur bei Kindern ernst genommen werden. Es ist ein menschliches Seinsgebiet, an dessen Zugang stehen sollte: Bitte nicht stören!

Auf dem Spielplatz

„Wenn ich erwachsen bin, dann gehe ich alleine auf den Spielplatz“, protestiert meine Dreijährige, die in der Zukunft Selbstbestimmung erhofft und in der Gegenwart jeden Spielplatz schon aus weiter Ferne erkennt. Der Spieltrieb macht es möglich! Die Erfahrung zeigt, dass man von den Lagen der schönsten Plätze wissen muss. Sie liegen meist nicht an den Hauptwegen, sondern zwischen Wohnblöcken, in Seitenstraßen versteckt. Man entdeckt sie zufällig oder wird von anderen Eltern eingeweiht. Spielplätze gibt es von höchst unterschiedlicher Architektur, Qualität und Größe. Ich habe noch nie Kinder über die Beschaffenheit oder Bauart diskutieren gehört und finde es trotzdem interessant, dass sich der Wettbewerb zwischen den Spielplatzarchitekt*innen offensichtlich in Grenzen hält. Denn meist muss das Herkömmliche genügen und sie ähneln einander im Üblichen. Es reichen eine Schaukel und ein Sandhaufen, um etwas zum Spielplatz zu erklären.

Eine Ausnahme ist der thüringische Spielplatzvisionär Hans-Georg Kellner. Er baut „leichte, aber wilde" Kreativwelten, die sich harmonisch in ihre Umgebung einfügen. Rund 500 ungewöhnliche Spielplätze hat er mit seinem „Institut für spielbedingte Lärmentwicklung" in den vergangenen 30 Jahren gebaut. Sein Ziel ist es, dass ein Spielplatz nicht aussieht wie ein Spielplatz, sondern dass er vielmehr „ein Akzent im Freiraum ist, der auch Erwachsenen guttut."[1] Kellner glaubt, „dass ein Kind überall Abenteuer entwickeln kann, wenn es den Abenteuergeist in sich trägt." Seine Spielplätze sind auch Schaukeln und Klettergerüste in einer anderen Form, die Raum bieten: „Aber das Abenteuer ist das Kind selbst."[2] Die Abenteuer finden im Kopf statt und die riskantesten Spielplätze sind die sichersten. Das Verstörende macht neugierig, polarisiert, zieht Menschen an oder stößt sie ab. In Basel, wo die chemische Industrie eine große Rolle spielt, wollte er einen Spielplatz mit nachgebildeten Giftfässern bauen: „Kinder spielen doch auch auf Müllplätzen."[3]

Der Spielplatz ist ein faszinierender Urort menschlichen Seins, ein Reservat, dezidiert fürs Spielen bestimmt und eingerichtet. Er ist aber auch ein nahezu utopischer Ort der unmittelbarsten Vergesellschaftung. Die Kinder bringen ihre Eltern, es sind immer noch vor allem die Mütter, unabhängig von Herkunft, Beruf oder sonstigen Unterscheidungsmerkmalen in eine Begegnungssituation, die in ihrer Vielfalt kaum woanders stattfindet. Bahnhöfe und Haltestellen sind zu flüchtig dafür, vielleicht findet eine vergleichbare Durchmischung – wenn auch männlich dominiert – nur noch auf Fußballplätzen statt. Auf dem Spielplatz kommt man auf den Parkbänken am Spielrand nebeneinander zu sitzen, spontan ins lockere Gespräch oder solidarisiert sich im bloßen Schauen nach den Kindern oder in die Mobiltelefone. Man reckt den Kopf, weil die Tochter auf dem Kletterturm nicht mehr zu sehen ist. Steht kurz auf und ist beruhigt, da sie am Ende der Rutsche wieder auftaucht und mit einem anderen Kind im Gespräch ist. Wenn ein Kind Hunger hat, wird gegenseitig mit Essbarem ausgeholfen. Am Spielplatz gibt es keine festen Strukturen und Institutionen. Hierarchien manifestieren sich beim Anstellen an der Schaukel, wo sich die oder der Stärkere vorzudrängen versucht. Am Spielplatzrand sind alle gleich, könnte man für einen fantastischen Moment glauben. Der Spieldrang der Kinder bringt die Erwachsenen zumindest auf dieselbe Sitzhöhe, wenn schon die Augen- und Ohrenhöhe unterschiedlich bleiben.

Ein Spielplatz verspricht nicht unbedingt, dass miteinander gespielt wird. In erster Linie werden die Geräte, die Infrastruktur genutzt. Interaktion ergibt sich und ist altersabhängig. Außer bei der Wippschaukel, dort wird ein Gegenüber gebraucht, das idealerweise ähnliches Gewicht hat, um balanciert im Auf und Ab miteinander zu sein. Die Vorstellung, dass der Spielplatz ein Ort reibungsfreien, spielerischen Zusammenseins sei, ist allerdings Illusion. Erwachsenenseitig geht es aus meiner Erfahrung meist friedlich zu, außer wenn in Konflikten für die eigenen Kinder Partei zu ergreifen ist. Es ist ein rarer Ort der ungeplanten kulturellen Vielfalt, von Verwertungslogiken und Leistungsschau weitgehend unbelastet. Es ist ein Ort der Lust und Freude, des zufälligen Miteinanders, des Unerwarteten, der Leichtigkeit und mitunter des Wettbewerbs, wenn es darum geht, wer sich traut, die drei Meter hohe Stange runterzurutschen oder die Kletterwand zu besteigen. Die Dynamiken auf dem Spielfeld und am Spielfeldrand sind verschiedenartige, aber sie finden sich in einem zufälligen Wir. Hier trifft die verschleierte Mutter auf die Großmutter einer Familie, die seit Generationen in der Stadt wohnt, oder auf den Bankbeamten, der soeben von seinem Sohn auf dem Heimweg vom Kindergarten zum Sandhaufen verschleppt wurde und dem Spieldruck des Nachwuchses nachgeben musste.

Der Spielplatz begünstigt Freiheit, selbst zu experimentieren und weniger Angst vor dem Scheitern zu haben. Spielen ist ein Prozess der Ermutigung, des selbstverständlichen Versuchens. Niemand kann behaupten, dass die Rutsche nur in Richtung Erdanziehung benutzt werden darf. Man kann auf die Gefahr hin, dass einem jemand entgegenrutscht, den glatten Anstieg wagen und einige Höhenmeter zurücklegen. Die Bespielung bestimme ich oder imitiere die Spielarten und Vorgangsweisen anderer.

Ist der Spielplatz ein Ort der Selbstbestimmung? Kinder können sich und ihre Möglichkeiten finden. Hin und wieder glaubt man als Erwachsener, mit ordnender Hand eingreifen zu müssen. Da wäre manchmal die Regel gut, die für den Fußballtrainer gilt, dass während des Spiels das Spielfeld nicht betreten werden darf. Zurufen ist erlaubt. Kinder haften für ihre Eltern. Eltern verhaften ihre Kinder. Natürlich nicht dann, wenn sich die Tochter verzweifelt in zweieinhalb Meter Höhe nicht auf die Rutschstange traut und weint.

Dieser Ort der Vergesellschaftung, des Offenen zieht in zentralen Stadtlagen Jugendliche mit ihren Lautsprechern und mehr oder weniger berauschenden Konsumgütern an. Was das System der Freiheit irritiert. Ein Ort der Toleranz verlangt nach Akzeptanz und Duldung: Was den Einen irritiert, kann für den Anderen Freiheit bedeuten, und umgekehrt.

Es gibt kaum einen anderen öffentlichen Ort, an dem die menschliche Dringlichkeit, selbst zu spielen, so augenscheinlich zu Tage tritt. Dabei ist die Sache leicht. Man bestimmt einen Platz und stellt darauf Spielgeräte unterschiedlichster Bauart, die zum Klettern, Kraxeln, Rutschen, Hüpfen, Schaukeln, Bauen, Drehen, Laufen, Ziehen, Steuern, Schaufeln und mehr einladen. Die Einladung zu den unterschiedlichen Bewegungsarten – es sind Erbauungsarten – des Spielens reicht, um den Spielplatz zum magischen Anziehungspunkt für Kinder zu machen. Das Eintauchen in dieses innere wie äußere Bewegungsareal ist unermesslich. Hier werden menschliche Bodenschätze geborgen. Das Graben im Sand ist ein Aufbruch zu sich selbst. Der Spielplatz ist ein Möglichkeitsraum der Wirklichkeit, dort gilt das Lustprinzip. Sich mit dem Möglichen zu beschäftigen ermöglicht es, sich als Gestalterin und Gestalter begreifen zu lernen. „Wenn ich erwachsen bin, dann gehe ich alleine auf den Spielplatz." Bis dahin begleite ich sie, und später werden wir einander dort treffen.

Oscillo, ergo sum

Zwischenspiel

Ich setze mich auf eine Schaukel und katapultiere mich mit dem ersten Schwung wie eine Rakete in eine Sphäre der Schwerelosigkeit. Dabei zieht sich mir ein Raumanzug an, der Kindheit heißt. Diese Schutzkleidung war unsere erste Haut, aus der wir meist erst mit Schulbeginn langsam, aber sicher herausgeschält werden. Nackt kommen wir im „Ernst des Lebens" an, und die Zauberkräfte sind wir los. Damit hört sich das Spielen auf. Es gibt mindestens zwei Arten des Ernstes: den, der einen Zweck verfolgt und den, in den wir beim Spielen abtauchen. Manch ein Zweck heiligt die Mittel, aber nicht den Ernst, in den wir uns als Kinder beim Spielen begeben. In Selbstvergessenheit von etwas ergriffen zu sein bedeutet die Verwandlung ins Jetzt. Spielen heißt, auf Selbstvergessenheit zu hoffen, heißt eine Verzauberung, heißt ein Vorgang zeitloser Unschuld, die zu erobern von uns als Großgewordenen wieder geübt werden muss. Wir brauchen sie, die Unschuld, um ins Spiel zu kommen. Nicht selten wartet aber das nächste Kind, das schaukeln will. Mit dem Spiel ist es wie mit der Geduld, Druck bringt sie in Gefahr.

Schaukeln ist für mich wie das Drücken des Resetknopfs, das meinen Urzustand für Momente wiederherstellt. Es braucht nur einen Ruck, um in Schwung zu kommen, und man wird geschaukelt. Fragt man Kinder, wie das geht, sagen sie: „Das habe ich mir selbst beigebracht." Die oder der Lehrende bringt nichts, um etwas zu können, was man kann, wenn man es kann. Ermuntern hilft. Ein Kinderspiel, auch Rumhängen ist erlaubt!

Ich gehe jetzt schaukeln.
Oscillo, ergo sum. Ich schaukle, also bin ich.

Mein Spielplatz

Meine Kindheit führte mich auf Spielplätze anderer Natur. Es sind Vorspielplätze, die zu meinen frühesten Erinnerungen gehören. Obwohl ich nie das Gefühl hatte, nicht mitzuspielen. Mein Vater dirigierte als junger Musiker die Konzerte des Bad Schallerbacher Kurorchesters. Im Vorhof der Kuranlage stand ein Pavillon, der bei Schönwetter vom Kurorchester mit achtzehn (!) Konzerten pro Woche bespielt wurde. An sechs Tagen der Woche fanden täglich drei Konzerte statt. Ein Tag war spielfrei, geprobt wurde nie, es wurde alles vom Blatt gespielt. Die Kurorchester, von denen es heute nur mehr wenige mit noch weniger Konzerten gibt, waren die Brutplätze für künftige Orchestermusikerinnen und -musiker. Hier lernte man das Zusammenspiel, das Aufeinander-Hören, spontanes Reagieren, Improvisieren, Blattlesen, schnelles Umsetzen und unglaublich viel Repertoire kennen. Man war immer auf dem Sprung, denn das Spielprogramm wiederholte sich nur alle sechs Wochen. Ich selbst habe in meiner Studienzeit noch diese Erfahrungen gemacht, auch wenn sich die Konzerte mittlerweile auf nur zwei am Wochenende beschränkten.

Der wunderschöne Pavillon wurde längst geschleift. In Erinnerung geblieben ist mir die konzentrierte Akustik, die dieses architektonisch bemerkenswerte Konzertgehäuse bescherte und damit die Zuhörerinnen und Zuhörer trotz ständigen Kommens und Gehens zum möglichst stillen Horchen anhielt. Ich erinnere mich daran, als Dreijähriger diesen Pavillon während der Konzerte umkreist, die Vorgänge auf der Bühne beobachtet und den Klängen gelauscht zu haben. Das war eine umfassende musikalische Früherziehung, die ich als Musikerkind genoss. Sie war in dem Sinn kindgerecht, als ich nicht stillsitzen musste. Ich hatte das Gefühl mitzuspielen. Bei Schlechtwetter wurde in der Wandelhalle nebenan gespielt. Ein langgezogener, rechteckiger Raum, der an seinen Längsseiten durchgehende Fensterfronten hatte. An der einen Schmalseite war eine niedrige Bühne, auf der das mindestens 15-köpfige Orchester Platz fand, an der anderen ein Trinkbrunnen, aus dem sich die Kurgäste mit heilendem Wasser versorgen konnten. Der Gestank des Schwefelwassers nach faulen Eiern war dabei in Kauf zu nehmen, schien aber nicht weiter zu stören. Wie der Name sagt, war dieser besondere Spielort zum Wandeln geschaffen. Eine spezielle Konzertsituation, die sich von den allermeisten meiner späteren Konzerterfahrungen deutlich unterschied. Sie erlaubte den Zuhörenden Bewegung während des Konzerts, ohne dieses dabei zur Hintergrundmusik zu degradieren.

Spielräume schaffen Atmosphären und Bedingungen, um für uns Menschen Situationen zum Wahrnehmen und zum Spielen zu ermöglichen. Um klassische Musik zu hören, muss ich mich üblicherweise in ein Konzerthaus setzen und ruhig sein. Stillsitzen ist eine ernste Angelegenheit, die ich heute oft als wohltuende Nötigung in der Schnelligkeit des Alltags erlebe. Endlich sitzen, stillhalten und zuhören. Diese Situation hat sich allerdings erst im 19. Jahrhundert etabliert. In den Anfangstagen des Konzerts, wie wir es heute kennen, stellten das Wirtshaus und das Café Keimzellen der heutigen Konzerthäuser dar. Im späten 17. Jahrhundert gab es in Amsterdam Gasthäuser, in denen die Gäste angehalten waren, Musikstücke darzubieten.

Synchron dazu bildeten sich in Deutschland bürgerliche und studentische Zirkel, die öffentlich Musik machten, wie etwa Johann Sebastian Bach mit einem

Collegium Musicum im Zimmermannschen Kaffeehaus aufspielte, das Georg Philipp Telemann 1702 in Leipzig gegründet hatte – ein Trend, der sich zehn Jahre später in London einbürgerte und zu wöchentlichen Konzerten führte. Dort entstanden sogenannte „Musick Rooms", in deren Mitte ein Podium („Musiziertisch") stand, um die Aufmerksamkeit für die Darbietungen zu erhöhen. Die Kneipe war der profane Ausgangspunkt des Musikhörens. Ich wage hier einen Exkurs in meinen Fachbereich, da sich die Vorspielsituationen mit dem erwachenden bürgerlichen Selbstbewusstsein in einer Distanz neu positioniert haben.

Um nicht missverstanden zu werden: Diese Distanzierung auf *Bretter, die die Welt bedeuten* bringt eine gesicherte Fokussierung mit sich, der die Unmittelbarkeit mitunter abhandenkommt. Die katholische Liturgie versteht sich darauf schon ewig. Kumulativer Punkt der Messe ist der Moment der Wandlung, bei dem der Priester die Hostie, den Leib Christi, coram publico in den Himmel emporhebt. Geweihte feiern dieses Mysterium der Verwandlung in gehöriger Distanz. Das Spielgeschehen ist nicht mehr mitten unter uns, es ist vor uns, wird uns in Distanz vorgeführt, vorgespielt. Die Unnahbarkeit erhöht den Zauber, und wir lieben es alle, etwas vorgespielt zu bekommen. Hier treffen Kirche und Theater aufeinander. Es geht um die Erinnerung daran, dass wir

Menschen uns verwandeln können. Das Spiel lässt uns auf Verwandlung hoffen, auf Selbstvergessenheit, Aufgehen oder Hingabe. Wir können jemand anderer sein, anders sein. Auf die im höchsten Fall ekstatischen Augenblicke, in denen wir ganz weg und gleichzeitig ganz da sind. Dort, wo Zweck und Sinn keine Fragen mehr sind, der „Mensch einfach Mensch" ist, wie es Nikolaus Harnoncourt so klar auf den Punkt brachte. Auf den Arealen der Kunst können wir Zustände des Ungreifbaren erleben, die greifbarer nicht sein könnten: Freude, Irritation, Erbauung, Lust, Zorn, Transzendenz, Langeweile, Unterhaltung und vieles mehr. Wir brauchen das Ungreifbare, die Orte, wo der Zauber gewagt wird. Es geht um nicht weniger als um unsere Wiederverzauberung – und die der Welt.

Im 19. Jahrhundert wurden allerorts Konzerthäuser errichtet, in die sich das Bürgertum zum Musikhören zurückzog. Das aufmerksame Zuhören ist eine Kulturleistung des damaligen bürgerlichen Publikums. Man lernte Stillsitzen statt Stampfen, Schweigen statt Schwätzen, Konzentration statt Zerstreuung. Als Achtjähriger besuchte ich an der Hand meines Musikervaters das erste Mal ein Konzert in einem „richtigen" Konzerthaus, dem Brucknerhaus Linz. Von dem Konzert mit dem Flötisten James Galway, dem bis heute legendären „man with the golden flute", blieb mir nur in Erinnerung, dass er beim

Betreten der Bühne seine Flöte einige Meter in die Luft warf, sie wieder auffing und zu spielen begann. Diese exzentrische Geste eines Weltstars hat sich in mein Gedächtnis eingebrannt, auch als eine Art Irritation und Alteration vom Üblichen, die unverzüglich in den Bann zieht und damit die Sinnesbereitschaft schärft und einen die Ohren spitzen lässt. Das Auffangen der Flöte wird zum Einfangen der Zuhörerinnen. Das Unerwartete schafft Aufmerksamkeit und Nähe.

Stillsitzen ist eine ernste Sache

Wien nimmt seit jeher eine zentrale Rolle als Welthauptstadt der klassischen Musik ein. Dies manifestiert sich nicht zuletzt in seinem weltberühmten Konzerthaus, dem Musikverein Wien. Viele Millionen Menschen beginnen ihr Jahr virtuell im Goldenen Saal und lauschen dem Neujahrskonzert der Wiener Philharmoniker. Im Jahr 1857 hatte Kaiser Franz Joseph I. die Schleifung der alten Stadtmauern bewilligt und damit die Grundlage für eine großangelegte Stadterweiterung geschaffen. Schließlich kam der dänische Architekt Theophil Hansen (1813–1891) zum Zug, ein Haus für die „Gesellschaft der Musikfreunde“ auf einem Areal gegenüber der Karlskirche zu planen. Bemerkenswert ist, dass die Urmutter der modernen Konzerthäuser in ihrer Grundanlage eine Mehrfachnutzung für Ball und Konzert vorsieht, was eine rasche und leichte Entfernung der Sitze und Bänke nötig macht, die in einem Aufbewahrungsraum unter dem Saalboden verstaut werden können. Es gibt die Theorie, dass genau dieser Resonanzraum die einzigartige Akustik des Musikvereins ausmacht.

Diese klassischen Tempelanlagen haben im Zugang und in den dort gepflegten Ritualen Barrieren aufgebaut, die vielen nicht zugänglich sind. Man denke dabei nur daran, dass man zwischen den einzelnen Sätzen einer Sinfonie nicht klatschen soll. Der ritualisierten Vereinbarung, sich gemeinsam im zweckgewidmeten Gehäuse eines Konzerthauses zu versammeln, stillzusitzen und den Beginn der musikalischen Handlung andächtig abzuwarten, den „Zeremonienmeister" (Dirigenten) eigens zu begrüßen und sich dann jeder geräuschvollen Gefühlsregung bis zum Ende der Darbietung zu enthalten, liegt ein ausverhandeltes Bildungsideal zugrunde. Davon ausgenommen sind die mitunter zwischen den Sätzen konzertiert ausbrechenden Hustenorkane. Sie gehören problemlos zum (hörbar) guten Ton. Wer aber dazwischen klatscht, wird schnell als Uneingeweihter erkannt und erntet hochgebildetes Kopfschütteln.

Dieses Stillhalten war aber nicht immer Teil des Verhaltenskodex. Der Wiener Großkritiker Eduard Hanslick vermisste 1862 beim Londoner Konzertpublikum den „stillen, inwendigen Applaus der Hörer während des Stückes". In Wien war es zu seiner Zeit üblich, nicht nur davor, danach, dazwischen, sondern eben auch während der Darbietung zu akklamieren. Daher rate ich: Schenken Sie der gängigen Verhaltensnorm nicht zu viel Beachtung und geben Sie beruhigt den Handbewegungen Ihrer Begeisterung nach. Wir sind auf einem Spielplatz. Dort muss nicht für alles und jedes um Erlaubnis gefragt werden.

Wie oft erleben wir in beruflichen und gesellschaftlichen Kontexten solche oder ähnliche Vorspielsituationen: Der Chef inszeniert seinen Auftritt, die Politikerin ihre Kundgebung und die Lehrenden bestehen auf ihrem frontalen Platz am Katheder. Diese Settings sind Klarstellungen, wer hier das Sagen hat. Wir lassen uns etwas vorspielen, spielen mit, ohne als Mitspielende ernsthaft gefragt zu sein. Doch selbst als fernes Publikum sind wir nie zu unterschätzen, wir sind immer Mitspielende. Und zwischen Mitspielen und Mitspielen ist ein gehöriger Unterschied, dem wir Bedeutung beimessen dürfen, um das Wort oder die Tat zu ergreifen.

Wir können von der Beschaffenheit der Spielplätze unserer Kinder viel lernen. Allen voran ist es die Ausrufung, dass ein offener Raum dezidiert dem Spielen gewidmet ist. Hier darf, kann, muss gespielt werden. Das „Mobiliar" lädt zu einer bestimmten Bespielung ein, die aber nicht befolgt werden muss. Es ist nicht verboten, nichts zu tun und wie eine Schaukel herumzuhängen. Schöpferische Prozesse brauchen Freiräume. Weltweite Internetkonzerne richten in ihren Forschungsabteilungen gigantische Chill-out-Spaces ein und ermöglichen den Mitarbeitenden, zwischendurch Tischtennis oder Billard zu spielen oder Musik zu hören. Man hat erkannt, dass der „freie" Mensch kreativer und leistungsfähiger ist. Wer glaubt, die Installierung solcher Spielräume geschehe unter der Prämisse eines neuen wirtschaftlichen Humanismus, der täuscht sich. Es geht um Marktführerschaft, die nichts anderes als die Steigerung des Umsatzes im Sinn hat.

Du bist Künstler und ich Überlebens-künstler!

Zwischenspiel

„Wie geht es dir heute?“, frage ich Felix. „Sehr gut, ich bin voll ausgestattet!“, sagt er zu mir mit freudiger Stimme und deutet auf eine Schachtel vor sich, in der sich Essbares wie Obst und Kekse findet. Ich mag seine ewige Heiterkeit und weiß wenig über ihn. Vor Kurzem sind wir intensiv über eine Beethoven-Sinfonie ins Gespräch gekommen. Er hat mich mit seinem fundierten Hintergrundwissen überrascht, mir unterschiedliche Passagen daraus vorgesungen. Sein sehnlicher Wunsch wäre es, wieder einmal eine live im Konzert zu hören. Im Vorbeigehen begegnen wir uns regelmäßig und haben uns im Laufe der letzten Jahre angefreundet. „Du bist

Künstler und ich Überlebenskünstler!", sagt er. Felix wohnt in meiner Straße. Nein, er wohnt *auf* meiner Straße, neben der Einfahrt zu einer Tiefgarage, wo das Dach etwas vorspringt und ihn vor Regen schützt. Wir haben im selben Jahr das Licht der Welt erblickt, sind in diesem ein halbes Jahrhundert geworden. Irgendwann hat ihm das Leben Dach und Arbeit genommen, offensichtlich niemals die Zuversicht. Ich denke an den Satz von Ilse Aichinger: „Aber die größte Begabung ist doch die, auf der Welt sein zu können. Es auszuhalten, mit einem gewissen Frohsinn."[4] Diesen zähle ich auch zu meiner Grundausstattung. Ich frage mich oft, ob man Frohsinn bei der Geburt ungefragt geschenkt bekommt, oder ob man sich unabhängig von der Schwere des Daseins leichter dazu entscheiden vermag.

Felix hat auf ein kleines Radio gespart. In später Nacht komme ich auf dem Weg nach Hause an ihm vorbei. Er schnarcht lautstark und aus dem neuen Radio singt Andrea Bocelli „Time to Say Goodbye". Ich kehre in meine gut beheizte Altbauwohnung zurück, die mir plötzlich übermäßig groß vorkommt. Tags darauf ruft mir Felix schon von Weitem zu, dass er Umzugsschachteln geschenkt bekommen habe. Er ziehe nicht um, sondern werde sich Möbel daraus bauen, um seine Habseligkeiten darin zu verstauen. Das Wort „Habseligkeiten" wurde 2004 vom Deutschen Sprachrat zum „schönsten deutschen Wort" gekürt, was zu heftiger Kritik führte.

„Habseligkeiten haben nichts mit (sozialromantischer) Seligkeit zu tun, sondern mit Häcksel, Mitbringsel, Streusel oder Überbleibsel. Das Diminutivsuffix bezeugt allein: Geringes, Weniges, Kärgliches, Belangloses – nur Brösel und Schnipsel eben“[5], schreibt Thomas Kapielski.

Ich will hier nicht die Arroganz eines Bildungsbürgers herauskehren, dem das Glück von Bildung und ewiger Neugier hold ist und war. Ich habe mit meiner Herkunft genug Möglichkeiten bekommen, um eine höhere Schulbildung zu absolvieren, der ein Musikstudium folgte. Ich habe genug Bewusstsein, um meinen Eltern dafür dankbar zu sein und es bis heute nicht für selbstverständlich zu halten. Auch wenn Möglichkeiten das eine sind. Sie müssen erst ergriffen und in Leben und Taten verwandelt werden. Nur haben sie nicht alle!

Kreativität ist ein sperriges Wort

„Kreativität ist ein sehr sperriges Wort!“, antwortete mir der große Regisseur Christoph Marthaler auf die Frage, was Kreativität sei. Er schlug vor, eine lange Ein-Wort-Rede mit dem Wort Kreativität zu halten und zu schauen, was passiert. Kinder vermögen auch mit nur einem Baustein ewig zu spielen, nur wir Erwachsene glauben immer, alles möglichst uferlos anbieten und haben zu müssen. Es vergeht kein Tag, an dem nicht nach dem Kreativen geschrien wird. Kaum eine Stellenausschreibung verzichtet auf die Forderung dieser Eigenschaft, die uns allen grundgelegt ist. Gesucht werden der altbekannte Kreativdirektor, die kreative Assistenz der Geschäftsführung, die kreative Allrounderin, der kreative Beikoch, eine Kreativanimateurin im Sozialbereich oder der kreative Organisationsjunkie. (Diese kreativen Stellenbeschreibungen entspringen nicht meinem Erfindungsgeist, möchte ich nachdrücklich anmerken!) Großkonzerne installieren Chefinnovationspredigerinnen („Chief Innovation Evangelist"), die die Belegschaft zur Leichtigkeit des Kreativen bekehren sollen. Universitäten verfassen Manifeste für kreative Innovation, als ob Erneuerung ohne schöpferische Kraft überhaupt denkbar wäre. Studien[6] beweisen, dass ein unaufgeräumter Schreibtisch kreative Vorgänge beflügeln soll. Somit darf ich mich wissenschaftlich belegt zu den kreativsten Menschen auf diesem Erdball zählen und warne gleichzeitig davor, dass das Chaos mitunter eine Ordnung verbirgt, die nicht allen einsichtig ist oder nicht von allen eingesehen wird. Dies verhält sich in etwa so wie mit guten Noten, die zuallererst eine hohe Anpassungsfähigkeit beweisen, einem einsehbaren System sehr gut zu entsprechen.

Wir sind in vielen Bereichen an Grenzen des bisher Möglichen gekommen, daher sind die Innovationsbescherenden, kreativen Out-of-the-box-Denkenden gerufen, Kreativitäter*innen zu werden, um unerhörte, weltrettende „Kreativitaten" zu begehen. „Noch lag die Schöpfung formlos da", heißt es in der „Deutschen Messe" von Franz Schubert, daher braucht es die formgebenden Vollenderinnen. Wer aber glaubt, dass bei aller Kreativitätswütigkeit der Spielraum als Ort des Zu-

und Einfalls ernster genommen würde, irrt. Obwohl das Spielerische der Urgrund jedes Schöpfungsvorgangs ist, wird seiner Leichtigkeit misstraut, außer es geht um die Milliardenumsätze eines Glücksspielkonzerns oder ein Konzert eines Popgeigers, dessen Unterhaltung zum guten Ton gehört. Geld regiert den Sinn und bestimmt den Grad der Nützlichkeit. Dabei ist die Eroberung des Nutzlosen in Zweckfreiheit mindestens ebenso wichtig wie die Langeweile, durch die man erst selbst zur Erfinderin, zum Erfinder wird.

Wie wird man denn kreativ, wenn wir es doch alle sind? Indem man es zulässt, ist die knappe Antwort. Wie das Spielerische ist die kreative Tätigkeit nicht nur Veranlagung, sondern eine Muskulatur. Je mehr sie beachtet und trainiert wird, umso mehr Herausforderungen lassen sich stemmen. Die Strategien, wie Sie Ihr schöpferisches Potenzial in Bewegung bringen, können Sie in unzähligen Büchern nachlesen. Ich bin kein Fan von Ratgebern. Die Bedürfnisse und Spielarten sind so individuell, wie wir alle einzigartig sind. Der oberösterreichische Komponist Balduin Sulzer, dessen Biograf[7] ich bin, sagte auf die Frage, wie er seinen kompositorischen Prozess in Gang setze: „Wenn eine Muse kommt, verjage ich sie sofort. Sie hält mich nur vom Arbeiten ab. Die einzig sinnvolle Form zum Ingangsetzen der Inspiration, zur Einatmung vor der schöpferischen Ausatmung ist ein Aufführungstermin." Der nüchterne Fakt eines Einsendeschlusses muss nicht unbedingt zum Druck werden, sondern kann auch zum Sog ausarten. Anlässe sind ein sehr brauchbarer Kreativitätsbeschleuniger. Es geht nicht gleich darum, in den künstlerischen Bereich aufzubrechen und eine Sinfonie zu komponieren, auch wenn Joseph Beuys mahnte: „Jeder Mensch ist ein Künstler." Fangen wir am Morgen beim Zähneputzen an und nehmen die Zahnbürste in die schwächere Hand. Vorgangsweisen des Unüblichen bereiten neue Erfahrungen des Unüblichen. Es geht darum, aus unseren Routinen herauszukommen.

In der Schule wurden wir gelehrt, was richtig oder falsch ist, und dann soll man später im Berufsleben auf einmal Eigenes entscheiden und erfinden. Meine älteste Tochter sang im Alter von drei Jahren vorm Zubettgehen das Lied von „Hänsel und Gretel". Viel mehr, als dass die Tonhöhen sehr sauber waren, was den Musikervater in Verzückung brachte, verwunderte mich ihre Textsicherheit über mehrere Strophen. Ich fragte sie, wo sie dieses Lied gelernt habe. „Im Kindergarten", antwortete sie und merkte sogleich bestimmt an: „Ich habe es nicht gelernt, ich habe es mir gemerkt!" Und führte weiter aus, dass man „erst in der Schule lernen muss". Eine Erkenntnis, die sie bei ihren älteren schul- und lernpflichtigen Cousinen beobachtet hat. Sie merkt sich dies einfach, weil sie Lust dazu hat – was eben im

Kindergarten noch gestattet ist. Zwischen Lernen und Lernen ist eben ein Unterschied, zwischen Kindergarten und Schule auch. Als Kind verweigerte ich den Kindergarten instinktiv, da eine Klosterschwester ein sehr strenges Regiment führte. In die Schule musste ich und zog mich in die Anpassung zurück, bis ich doch noch groß genug für den Kindergarten geworden bin. Ich bin gerne dort.

Da sind wir wieder im Spielraum als Territorium, auf dem man sich auf den Moment der Lust oder Unlust verlassen kann. Dort, wo der Zufall auf den vorbereiteten Geist trifft. „Wir müssen unsere Ideen verwirklichen, reden allein hilft nicht: Wir müssen uns selbst aufs Spiel setzen und zeigen, was wir auf die Beine stellen können!"[8], schrieb Oscar Niemeyer. Der brasilianische Architekt starb 2012 sieben Tage vor Vollendung seines 105. Lebensjahres und vollendete vieles in seinem Leben, wie die Planung der Retortenhauptstadt Brasilia. Reden allein hilft nicht, wir müssen uns ins Spiel bringen. Davor muss man sich allerdings dazu entscheiden.

Als Musiker denke ich manchmal darüber nach, ob Johann Sebastian Bach mit seinen zwanzig Kindern spielte. Ich meine nicht mit Toccaten, Fugen oder sonstigen Klangbausteinen. Ich meine eine reine, pure, absichtslose Spielerei in der Stube neben der Leipziger Thomaskirche oder dem Zimmermannschen Kaffeehaus, ohne bewussten Gedanken an Gott oder König. In der Art *L'art pour l'art*, ein Spiel des Spielens wegen. Es wird berichtet, dass Bach bei Komponierblockaden Musik seines venezianischen Kollegen Antonio Vivaldi gespielt haben soll. Diese zu spielen soll ihn erleichtert und wieder ins Spiel gebracht haben. Was einem guttut, ist erlaubt. Wir müssen aufhören, ständig um Erlaubnis zu fragen.

Wer macht schon gerne Fehler? Ich bin froh, wenn (mir) keine passieren, die Menschenleben gefährden könnten. Wir leben in einer Gegenwart, die möglichst fehler- und makellos sein will. Produkte aller Art sind in Plastik eingepackt, um Unberührtheit zu signalisieren. Wenn das Auto einen Kratzer hat, brechen Dramen aus. Die unendliche Reproduzierbarkeit von Klangereignissen hat dazu geführt, dass sich auf allen Seiten ein Perfektionsanspruch etabliert hat, dem die Fehlbarkeit auch live fremd geworden ist. Dies alles geht auf Kosten der Unmittelbarkeit, der Lebendigkeit. Künstlerinnen und Künstler liefern sich in ihrem Schaffen oft aus, denn ohne totale Hingabe und Risiko ist selten Wirksamkeit möglich. Und dies gilt nicht nur für die künstlerischen Berufe! Sich auszuliefern heißt aber auch, verletzlich und fragil zu sein. Dies wiederum erfordert oft Mut und kostet Nerven. Es hat mich unheimlich gerührt, als Patti Smith nach einem Texthänger bei der Zeremonie zur Verleihung des Nobelpreises an Bob Dylan 2016 diesen einfach thematisierte, ihre Scham offenlegte und bekundete, wie nervös sie sei. Welch ein einmaliger Moment des Bemerkens, dass wir alle Menschen sind! Das darauffolgende Lied hat sich durch ihre Verletzlichkeit, Verwundbarkeit noch mehr verdichtet. Wunderbar!

„Große Ideen lassen sich nicht erzwingen. Ich kann mich nur auf mein Handwerk konzentrieren, für eine angstfreie Umgebung sorgen und mir Zeit nehmen, um nachzudenken und zu experimentieren. Alles andere ist Zufall. Und manchmal sitze ich an meinem Schreibtisch und empfinde bei dieser Erkenntnis sogar so etwas wie Glück"[9], bringt es der deutsche Illustrator, Grafiker und Autor Christoph Niemann auf den Punkt.

Kreativität verlangt viel Übung, Training, Disziplin. Wir sind gewohnt, schnell in den Kategorien des Machbaren zu denken. Das Machbare lässt das Unmögliche oder andere Möglichkeiten unmöglich bleiben.

Deshalb braucht es Strategien, Selbstüberlistungsmechanismen, die einem helfen, aus der eigenen Suppe zu finden und den Tellerrand zu überwinden. Wir sind in unseren eigenen Mustern und erprobten Vorgangsweisen gefangen.

Ich, Luftikuss

Ich bin studierter klassischer Flötist und nicht nur das, obendrein ist auch mein Vater ein solcher. Das heißt, ich habe sehr früh die Parameter von richtig und falsch kennengelernt. Um ein Konzert von Mozart technisch bewältigen zu können, ist Handwerk notwendig, richtige Noten gehören dazu. Ich wurde aber in meinem flötistischen Heranwachsen nie dazu ermuntert, frei zu spielen, ohne Noten, oder gar die Unmöglichkeiten meines Instruments jenseits eines tradierten Spiels auszuloten. Mit 25 Jahren beschloss ich, für ein Konzert bei einer Vernissage keine Noten einzupacken, nichts auswendig Gelerntes zu spielen, sondern zu den Bildern zu improvisieren. Ich zwang mich, ins kalte Wasser zu springen – was für eine Aufregung, etwas falsch zu machen, was gar nicht falsch zu machen ist. Es hilft vielleicht dabei, sich eine Einschränkung im Verwenden eines Materials aufzuerlegen, um in der antrainierten Fülle nicht abzusaufen und stattdessen nur zwei unterschiedlich langen Tönen zuzuhören, die man minutenlang abwechselnd spielt. Dabei denke ich an Marthalers Ein-Wort-Rede. Die erstaunliche Urerfahrung dieses Abends war: Ich habe mir selbst zugehört wie noch nie. Seitdem improvisiere ich auf meinem Instrument. Vielleicht war es der erste ungestörte Moment, in dem ich meine Flöte wirklich spielte.

Meine Improvisationen hat ein befreundeter Autor „Luftikusse“[10] genannt. Ich bin der erste österreichische Luftikuss-Produzent. Manche behaupten, ich sei selbst einer. Ich lasse diese Behauptung unwidersprochen, da ich weiß, wie viel Arbeit und Disziplin dahintersteckt. Mit meiner Luftikuss-Sprache habe ich mir eine eigene Klangsprache entwickelt. Ich hatte schon immer das Bedürfnis, frei aus dem Moment, aus mir heraus zu spielen. Der Mensch kommt als Improvisator auf die Welt. Es ist von Anfang an ein Versuchen, ein Ausprobieren. Ich habe mir durch mein klassisches Studium ein sehr solides Handwerk gründlich angeeignet, was sehr wichtig ist. Improvisation ist Zufall mit hohem Bewusstsein, das die Handgriffe kennt und kann. Mein Interesse dabei liegt vor allem darin, mich am „Rand meines Instruments zu bewegen“. Wie kann eine Flöte abseits des klassisch tradierten Klangideals klingen? Wie klingt Luft? Die Flöte wird mit Atemluft, mit Wind gespielt. Da entstehen Luftgespinste, Luftschlösser – sie sind da und aufgrund ihrer Flüchtigkeit gleich wieder weg, wie es die Musik an sich hat. Ungreifbar und doch von großer Gegenwart. Das Improvisieren ist eine Art spielerischer Findungsprozess, in dem sich im besten Fall Verwandlung ereignet. Man ist da und gleichzeitig weg.

Musik liegt unserer Familie nahe, nicht erst seit die Ebenseer Großmutter, die Mutter meines Vaters, zur Zither griff und der Großvater das Tenorhorn in der Gmundner Stadtkapelle blies. 1825 war Franz Schubert bei meinem Vorfahren Ferdinand Traweger sechs Wochen „wie zu Hause, höchst ungenirt" zu Gast, wie er in einem Brief an seine Eltern am 25. Juli 1825 schreibt: „Ich bin jetzt wieder in Steyer, war aber 6 Wochen in Gmunden, deren Umgebungen wahrhaft himmlisch sind, und mich, so wie ihre Einwohner, besonders der gute Traweger innigst rührten, und mir sehr wohl thaten." Der älteste Bruder meines Vaters war der erste Musikant in der Familie, der Musik – Flöte – am Mozarteum Salzburg studierte. So wurde die Flöte als generationenübergreifende Klangträgerin denkbar und für uns Nachfolgende ergreifbar. Mein Vater musste noch sicherheitshalber eine Fotografenlehre absolvieren, bevor er sich ganz der Musik widmen durfte. Wir, seine

Kinder, meine Schwester Karin Bonelli – Flötistin bei den Wiener Philharmonikern – und ich, brauchten dieses Sicherheitsnetz erst gar nicht mehr spannen. Dass Spielen eine Existenzgrundlage sein kann, war bewiesen und familiär ausverhandelt.

Mein erstes Vorspiel hatte ich im Alter von acht Jahren auf einem Schloss. Meine Mutter kaufte mir einen Anzug, mein Vater viel früher eine kleinere Flöte in höherer Stimmung als üblich, um seinem Erstgeborenen möglichst bald einen Zugang zum Familieninstrument zu ermöglichen. Der Anzug kratzte auf der Haut, die Flöte kam aus Amerika und trug silberfarben den Namen *Armstrong* auf dem Etui. Ich besitze sie immer noch und spiele sie gelegentlich. Meine erste Flöte trägt denselben Namen wie der erste Mann auf dem Mond. Ob Neil Armstrong bei seinem ersten Schritt auf den Mond die Knie so schlotterten, wie mir bei meinem ersten Auftritt, weiß ich nicht. Ich spielte eine Sonate eines sizilianischen Barockkomponisten namens Leonardo Vinci. Die Gitarrenlehrerin der Musikschule, der mein Vater als Direktor vorstand, spielte mit mir. Natürlich stieg ich aus und gleich wieder irgendwo ein, worauf meine erwachsene Begleiterin hinausflog und nicht so schnell wie ich wieder hineinfand. Ich sehe noch das Kopfschütteln, das sie auslöste, weil sie nicht in der Lage war, den unkontrollierten Spielzügen des kleinen Querflötisten zu folgen. Trotz wackligen Beinen kämpfte ich unverdrossen bis zum letzten Takt. Vielleicht eine Strategie, die ich mir als Frühgeborener zugelegt habe. Das Überleben ist nicht gesichert, was einen aber nicht vom Weitermachen abhalten muss.

Meinem ersten Vorspiel haftet wenig Verspieltes an, und doch wurde ich auf vielen Umwegen Flötenspieler. Um ein Spieler, eine Spielerin zu werden, sind ein früher Entschluss, viel Übung, Fokussierung und Hingabe erforderlich.

Ich warne Sie, schöpferisches Denken und Handeln führt auf den Spielplatz!

Statt eines Plädoyers, ein Brief

Nichts erscheint mir dringlicher als der Aufruf, die Schule als einen umfassenden Ort des Menschseins einzumahnen und zu begreifen. Zum Abschied von meiner Tätigkeit als Musikschullehrer habe ich im Juli 2017 einen Brief geschrieben, den ich hier statt eines Plädoyers für den Spielplatz Schule verstanden zu hoffen wage.

An meine Schülerinnen und Schüler!

Die Anrede ist nicht besitzergreifend gemeint, aber ihr seid ein wesentlicher Teil meines Daseins. Längst habe ich nicht mehr all eure Namen im Kopf. Seit mehr als dreißig Jahren unterrichte ich, hatte im zarten Alter von 15 Jahren meine ersten beiden Privatschüler. Nach der Matura und dem Ableisten des Präsenzdienstes begann ich – selbst erst das Studium aufnehmend –, an der Musikschule Wels zu lehren. Dem sinnlosen folgte ein sinnvoller Präsenzdienst der pädagogischen Art. Präsent zu sein ist für mich eine Grundbedingung für das Lehren.

Meinen ersten Schülerinnen und Schülern bin ich zu ewigem Dank verpflichtet: Unterrichten lernt man beim Unterrichten. Es ist ein nie endender Prozess, denn ihr alle seid einzigartige Wesen, die es wahrzunehmen, zu erkennen, zu entdecken gilt. Ich war Flötenlehrer und wegen eurer individuellen Einzigartigkeit (ein beabsichtigter Pleonasmus!) doch immer mehr. Musik ist Ausdruck des Menschen, des Menschlichen. Darum hat für mich immer gegolten: Mensch first! Mich interessieren Menschen, vor allem auch jene, die anders ticken als ich. Und – um an die Anfänge zurückzukehren – ich wusste nicht gleich mit jeder, jedem von euch etwas anzufangen. Ich war neugierig, ungelenk und unerfahren. Aber im Tun, im Begegnen wird man durchlässiger, um wach zu sein, nicht nur falsche Töne zu bemerken, sondern den Grundklang jeder, jedes Einzelnen zu erhören. Und vielleicht auch gelegentlich den Bewusstwerdungsprozess zu begleiten, dass die Musik, die Flöte nicht euer primär lustbringendes Ausdrucksfeld ist oder war. Ja, es geht um Lust, um Begeisterung, um Freude daran und darin, nicht nur um Spaß. Ich bin allergisch auf die Ansage, dass es immer Spaß machen soll. Andauernde Lust braucht Disziplin. Krisen sind Entwicklungskatalysatoren. Große

Begriffe, schnell hintereinander gereiht. Es ist naturgemäß viel komplexer. Manchmal auch kompliziert, wenn wir nicht zueinander gepasst haben. Dies kam auch hin und wieder vor. „Das Wichtigste ist, dass ich überflüssig werde!", sagte meine große Lehrerin Manuela Wiesler (1955–2006). Als Lehrer bin ich vor allem dazu da, dass ihr euch selbst (zu-)hören lernt. Einer meiner größten Unterrichtserfolge war der, dass ich eine Schülerin dazu motivieren konnte, ein Jahr ins Ausland zu gehen.

Routine spielt beim Unterrichten eine Rolle, für mich aber nicht in dem Sinn, dass ich mein festgefahrenes, vielerprobtes Programm abspule, sondern in dem Sinn, dass ich meiner Intuition traue und Dinge zum Ausdruck bringe, probiere, ohne selbst genau zu wissen, warum dies im Moment Sinn hat. Es gibt ein tieferes oder höheres Leitsystem, dem ich folgen will und das nicht immer gleich rational orientiert und belegbar ist.

Ich war mir immer bewusst, dass ein unbedachtes, vielleicht missverständliches Wort eine lebenslange (blockierende) Wirkung haben kann, die schwer zu überwinden ist. Was man aussendet, ist nicht immer ident mit dem, was verstanden und aufgefasst wird. Besonders im Feld der Musik sind wir täglich damit konfrontiert. Faszinierend war für mich oft, wenn ihr die ersten Klangschritte auf der Flöte gemacht habt. Da erlebte ich mitunter eine hochintensive Ausdruckslawine, die noch nicht durch eine Kultivierung gezähmt worden war.

Mich interessieren die Eigenbrötler, die Eigensinnigen. Sie nehmen oft das ortsübliche Tempo heraus und irritieren das Regelwerk. Wir brauchen sie, die reflektierten Regelbrecherinnen, die konstruktiven Anarchisten, die Menschen, die Fragen stellen, die sich nicht immer sicher sind, die Lebendigen!

Ich war selten schlechter Laune, war mit Sicherheit gelegentlich ungerecht, zu schnell, zu überfordernd, unverständlich, lästig ... Ich habe immer große Unterrichtsräume gesucht, weil ich auch beim Unterrichten permanent unterwegs war. Ich bin um euch gekreist. Ich liebe die Unruhe und ihre Kraft des Aufbruchs. Und ihr habt hoffentlich alle mitbekommen, dass ich gut über mich selbst und meine Fehler lachen kann – wenn ihr zum Beispiel meine Eintragung ins Aufgabenheft nicht entziffern konntet. Meine Lateinlehrerin hat schon anno dazumal gesagt: „Trawöger, du hast die schönste Handschrift, die ich kenne, aber lesen kann ich sie nicht. Nicht genügend!" So ist es mit der Schönheit, so ist es mit dem individuellen Ausdruck. Sie oder er ist oft nicht lesbar, aber erlebbar. Und da sind wir beim Dringlichsten, was mich am Menschsein bewegt, an der Kunst begeistert. Es ist das Geheimnisvolle, das Magische, das nicht Beschreibbare, jener Raum, in dem der Mensch einfach Mensch ist und sein kann, ohne irgendeine Art von Nützlichkeit ins Treffen führen zu müssen.

Für mich sind es die letzten Ferien, künftig werde ich Urlaub haben, da ich in neue Aufgabenfelder aufbreche. (Eines wird es wie üblich nicht sein und bleiben – der Unruhe wegen.) Ich danke euch für alles, was ich von euch, über euch und letztlich dadurch über mich erfahren durfte. Ich betrachte mein Lehrerdasein immer als Privileg, mehr noch als Geschenk, das mich mit Demut erfüllt.

Ich werde euch vermissen, auch wenn ich von Neuem ergriffen sein werde.

Hört niemals auf zu spielen, denn das gehört sich wirklich nicht! (Manchmal muss man streng sein.)

Adieu!
Euer Norbert

Übersehen ist auch verspielt

Zwischenspiel

Ich bekomme bemerkenswert oft die Frage gestellt, ob ich überhaupt schlafe, da ich in mehr als einem Aggregatzustand auftrete und tätig bin. Ja, ich schlafe, selten zu lange oder zu kurz und meistens sehr gut. „Konzentriere dich endlich auf eine Sache!“ ist eine Ansage, die ich in jungen Jahren oft zu hören bekam. Ich wusste schon damals, dass ich am aufmerksamsten und ruhigsten bin, wenn mehrere Dinge synchron laufen. Die einzige Voraussetzung ist, dass die Dinge mich interessieren, etwas angehen. Schön, wenn man auf diese kommen darf und sie ergreifen kann. Jede, jeder ist anders veranlagt, da muss man (meist) selbst draufkommen, auch wenn es bis heute nicht normal scheint, ein vielfältiges berufliches Dasein zu leben, ohne gleich der Oberflächlichkeit verdächtigt zu werden. Spielerisch zu sein hilft dabei, sich unterschiedlichen Dingen fast gleichzeitig zu widmen, wie eine Spinne, die immer an unterschiedlichen Stellen unterwegs und doch immer mit allem in ihrem Netz verbunden ist. „Ich konzentriere mich auf alles!“[11], hat es der Schweizer Musikuniversalist Heinz Holliger auf den Punkt gebracht. Dieser Satz berührt mich, da er die Konzentration in den Mittelpunkt rückt, eine Fähigkeit, die Holliger mit seinen vielen entwickelten Talenten auf alles, was ihn angeht, anzuwenden vermag. Konzentration ist eine willentliche Fokussierung auf Bestimmtes, um eine Aufgabe zu lösen, um etwas zu erreichen. Wenn mehrere Dinge im Spiel sind, hilft ein spielerisches Talent und viel Disziplin bei der Bewältigung. Zum Spielen gehört Konzentration.

Der Spielerische hat mit dem Generalverdacht zu leben, dass er es sich leicht machen will, da er in seinem vielfältigen Möglichkeitssinn nicht leicht festzumachen ist. Ich habe die Erfahrung in Systemen gemacht, dass meine bloße Anwesenheit eine Art Immunreaktion auslösen kann. Hierarchien wünschen sich verlässliche Rollen mit berechenbaren Verhaltensmustern. Sobald diese durchbrochen werden, treten Mechanismen in Kraft, die viel – meist nicht direkten – Gegenwind auslösen können. Die Ernsthaftigkeit und Professionalität des Spielers wird mitunter brutal auf den Prüfstand gestellt. Das Spiel der Möglichkeiten wird mit Unverlässlichkeit verwechselt. Ein gutes Spiel heißt eben nicht nur: Auf ins Offene! Die Rahmenbedingungen müssen geklärt sein. Die Spielerin, der Spieler muss wissen, ob es Mitspielende gibt oder nicht, sonst hat es sich schnell ausgespielt. Das gehört zum Spiel wie das Verspielen. Der Verspielte hat mit dem Verspielen zu rechnen, wie der Ernste mit dem Ernsten. Bei allem Ausloten gibt es Grenzen, die es zu beachten gilt. Das Spiel braucht ein Spielfeld. Wenn dieses nicht vorhanden ist, hat man dies zu respektieren oder den Versuch zu starten, eines zu etablieren. Wachheit und Konzentration auf alles sind Ureigenschaften jedes Spielenden. Übersehen ist auch verspielt, sagt schon ein altes Sprichwort.

4' 33"

Was schert uns der Moment? Einmal in die Hände geklatscht, schon ist er vorbei. Normalerweise interessiert uns doch vielmehr: Was ist morgen? Kaum werden wir festgehalten, ändert sich die Lage, für manche sogar existenziell. Es gibt aber auch Situationen, in denen man sich aus eigenen Stücken nicht mehr vom Fleck wagt. Im Tierreich nennt man diesen Zustand Duldungsstarre, in die so manches weibliche Säugetier beim Begattungsakt fällt. Ob Verharren, Einfrieren den Lustgewinn erhöht und im Falle für wen – oder ob es gar als Hingabe zu bezeichnen ist –, sei dahingestellt. Ich frage mich, ob man solche Situationen mit Absicht für sich und andere schaffen kann, um Erfahrungen zu verursachen, die man sonst nie gemacht hätte, und die man dann selbst immer wieder und wieder machen will. Zum Beispiel die, freiwillig stillzuhalten, den eigenen Atemzügen oder zumindest der Fantasie wieder mehr zu vertrauen als den Leistungen der Stempeluhr oder der Schulglocke. Innehalten steigert die Gefahr, ins Spiel zu kommen.

Die Dauer von viereinhalb Minuten wird unterschiedlich erlebt. Auf alle Fälle ist es eine Zeitdauer, die man sich zwischendurch nehmen kann. Wenn man schon keine Zeit hat, knappe fünf Minuten können sich immer ausgehen. Der amerikanische Komponist John Cage erfand 1952 mit *4'33"* das wohl radikalste Musikstück des zwanzigsten Jahrhunderts. Eine Spielerin, ein Spieler betritt die Bühne, erhebt ihr, sein Instrument und verharrt in drei zeitlich genau festgelegten Teilen insgesamt vier Minuten und dreiunddreißig Sekunden in lautloser Spielhaltung, bevor diese wieder aufgelöst wird. Man wundert sich vielleicht, wie lange das Stück dauert, fragt sich, ob das Musik ist und dies nicht jede, jeder komponieren hätte können („Wo war sei Leistung?") – oder verliert den Kopf, um einfach dem zu lauschen, was gerade hörbar ist: das Knarren eines Sessels, das Klappern der künstlichen Herzklappe des Sitznachbarn (ich habe es wirklich gehört!), ein Vogelgezwitscher oder Bremsgeräusch von draußen, oder gar das Knurren des eigenen Magens, das zum Explosionsgeräusch ausartet. Cages Zeitraum bringt einen in den Augenblick und schenkt uns und dem Unbemerkten Beachtung und damit Bedeutung. Wer beachtet, erkennt Bedeutungen. Man braucht nur zu horchen, schauen und fühlen. Diese viereinhalb Minuten schaffen eine mögliche Situation der Vergegenwärtigung der Gegenwart in der Gegenwart.

Im Frühjahr 2020 fanden wir uns ausnahmslos in einem kollektiven Ausnahmezustand des ersten Lockdowns wieder. Wir wurden alle zu Anfänger*innen. Als Anfängerin, als Anfänger wird man auf sich selbst zurückgeworfen und muss früher oder später etwas anzufangen wissen, selbst wenn es nicht freiwillig geschieht. Es ist ein Moment, in dem wir dazu gedrängt werden, den Schwerpunkt in uns zu finden. Wir sind uns selbst ausgeliefert, außer wir verzweifeln oder resignieren. Im ersten Lockdown wurde uns die Kontrolle über unseren Alltag entzogen, und wir bemerkten erstmals bewusst, das Meiste ohnehin nie unter Kontrolle gehabt zu haben. Wir mussten auf Distanz gehen, um uns als Gesellschaft wieder näherzukommen. Wie lange dies anhielt, wissen wir längst zu genau. Dafür wurden wir warten gelassen, was mit Lassen in etwa so viel zu tun hat wie unsere Wohnung mit einem Heim(-at-)büro, den englischen Begriff dafür verweigere ich mittlerweile. Unsere Behausungen wurden zu exklusiven Gegenwartezimmern für alles. Dort saßen, arbeiteten und lebten wir, unterrichteten unsere Kinder, spielten mit Puppe und Flöte, wie vom Leben beziehungsweise von der Regierung bestellt und vorläufig nicht abgeholt. Warten ist Vollgas im Stand, die Räder (und mitunter auch die Insassen) drehen durch, aber der Boden gibt es nicht her, vorwärtszukommen. Es passiert uns, wir kennen die genaue Dauer meist nicht und warten auf einen Grund, der uns davon befreit. Die Dimensionen des Wartens sind in ihrer Vielfalt konkurrenzlos: Erwartbar stehen wir Freitagmittag im Stau, warten wir beim Zahnarzt, wobei abzuwarten bleibt, ob er bohrt oder nicht. In freudiger Erwartung sitzt die Anglerin, der Angler beim Fischen und wartet still zu, bis der große Fisch anbeißt. Wir warten auf die Straßenbahn, nicht ohne der Anzeigetafel entnehmen zu können, wie lange dies noch dauern wird. Eine perfidere Form des Erwartens illustriert sich in der Wiener Ausdrucksweise: „Der kumt scho no in mei Gåssn!" Was nichts anderes meint, als dass man vielleicht für den Moment den Kürzeren gezogen hat, aber noch lange nicht den Tag vor einem früher oder später kommenden Abend loben soll, der Gegenteiliges verheißt. Abwarten und Tee trinken. Der machtbewusste Chef – wobei die eigentliche Frage ist, warum er sich seiner Macht derartig bewusst sein muss – weiß kein Meeting pünktlich zu beginnen. Das zeitverzögerte Vorgelassenwerden macht die Untergebenen erst richtig zu solchen. Die Schauspielerin weiß die Pause zu halten und erhebt ihre Stimme im unfehlbaren Timing. Spannung wird erwartet. Mir ist erst vor einigen Jahren bewusst geworden, warum ich unmäßig empfindlich reagiere, wenn mich jemand warten lässt. Ich musste es als Kind trotz zeitlicher Versprechungen oft stundenlang. Wenn ich heute warten gelassen werde, ich langsam, aber sicher hochzugehen drohe, kommt mir meist diese Erkenntnis in den Sinn und ich beginne mich zu entspannen.

Selbst im Ausnahmezustand nehmen wir einen Logenplatz ein, schauen wohlversorgt von unseren Balkonen zu. Den eigentlichen permanenten Ausnahmezustand beanspruchen wir ungeniert im Weltgeschehen und glauben, es sei der Normalzustand. Aber nur für uns! Unsere abgesicherte Wirklichkeit hat mit jener der allermeisten Menschen auf unserem Erdball wenig zu tun. Ganz im Gegenteil, unser Gutgehen geht auf Kosten der meisten anderen. Eine nüchterne, zumutbare Tatsache, die zumindest das Bewusstsein dafür einfordern darf, an Dankbarkeit und Demut wage ich gar nicht erst zu denken. Unzählige Menschen haben, während wir uns in unseren komfortablen Warteräumen weiträumig der Entschleunigung hingeben konnten, ums nackte Überleben gekämpft und müssen es weiterhin.

In diesem Anfänger*innendasein wurde deutlich, wie sehr wir das Prozesshafte verlernt haben. In allen Bereichen sind wir lösungswütig am Ergebnis orientiert und an eine gewisse Perfektion gewöhnt. Wenn wir einen Weg, einen Hergang in Kauf nehmen, dann nur, wenn das Resultat stimmt, das Ergebnis sicher ist. Der alleinige Sinn ist, dass es sich auszahlt. Ich trete für mehr Besinnung auf die Ziellosigkeit ein, die uns als spielende Kinder natürlich war. Lasst uns mehr ausprobieren, herausfinden, wonach wir gar nicht gesucht haben. Der fröhlich Dilettierenden ist der Zauber des Daseins gewiss, der nötig von uns allen gebraucht wird. So entkommen wir dem ewigen Jammertal des Bekannten, Tradierten, Gewohnten oder Üblichen. Wenn von Normalität die Rede ist, werden wir uns daran gewöhnen müssen, dass unser Normalitätsbegriff nicht normal ist. Wir werden uns in der Gegenwart viel größeren Herausforderungen stellen müssen. Die Frage ist, ob wir ihnen experimentier- und entscheidungsfreudig entgegentreten. Ob wir uns nicht als Opfer unserer Umstände, sondern als Mitgestaltende begreifen können. Die Würde gehört dem Indikativ, nicht dem Konjunktiv, und Eigenverantwortung ist nicht das Gegenteil von Verantwortung. Scheitern und Zwecklosigkeit sind erlaubt. Was wir lernen könnten, ist, vieles zu verlernen, was wir als gegeben und selbstverständlich annehmen. Zum Beispiel, ständig nur auf alte Antworten loszugehen, ohne bereit zu sein, neue Fragen zu stellen. Das Infragestellen ist nicht immer gleich Unsicherheit.

Die 4'33" von John Cage sind ein Spielangebot an uns, auf der Suche nach unseren eigenen Stücken. Die Unschuld eines oder einer Anfangenden ist eine gute Ausgangsposition, um sich ins Spiel zu bringen. Gelegentliches Warten schadet nicht, schreibt sich hier ein Ungeduldiger selbst ins Buch.

Mein Großvater und der Elch

In den späten 1990er Jahren begegnete ich in einem schwedischen Wald meinem ersten Elch. Er erinnerte mich überraschend an meinen längst verstorbenen Großvater, der mit Sicherheit nie ein Hirschtier dieser Art gesehen hatte, da es in seinem Hausruckviertler Wald nicht vorkommt. Seinen Vierkanthof, in dessen Schatten ich aufgewachsen bin, hat der Kleinbauer in seinen mehr als acht Jahrzehnten Lebenszeit selten verlassen. Sonntags war er in der Messe, im Herbst auf der Landwirtschaftsmesse im nahen Wels, und als aufrechter Katholik reiste er einmal nach Rom. Opa akzeptierte das Ausmaß seines Territoriums und bewirtschaftete die überschaubaren Felder rund um seinen Bauernhof, die er von seinen Eltern als Erbe anvertraut bekommen hatte. Sein Spielraum strebte nicht nach Grenzerweiterung. Das Gegebene wurde angenommen und die Möglichkeiten wurden darin gefunden. Am Tag wurde gearbeitet, in der Nacht gelesen. Nur vier Jahre Schulausbildung hinderten ihn nicht, sich lebenslang umfassend zu bilden. Er bewahrte sich viel von der kindlichen Unschuld, mit der wir ins Spiel kommen. Das, was da ist, was einem anvertraut wurde, reicht. Vertrauen ist kein Recht, sondern ein Privileg, das es zu achten gilt. Um nicht zu verklären, muss ich aufklären, dass er als mit Abstand jüngstes von vielen Geschwistern gar keine andere Wahl hatte, als die kranke Mutter zu pflegen und den Hof zu übernehmen. Es bewahrte ihn vor einem Soldatendasein, während die meisten seiner Brüder auf den Schlachtfeldern des Zweiten Weltkriegs ihr Leben ließen und seine Schwestern die Höfe für ihre eingezogenen Ehemänner führten.

Als ich den Elch in seinen markant rhythmisch-geschmeidigen Bewegungen an mir vorbeilaufen sah, weckte das in mir ein Bild meiner Kindheit, über das ich nie zuvor nachgedacht hatte: mein Großvater beim Mähen mit der Sense. Ein Motormäher war seit den 1970er Jahren vorhanden, aber dessen Verwendung überließ er seinem Sohn, dem Hoferben, und legte stattdessen Hand an. Er, der selbst bei der Arbeit immer ein weißes Hemd trug, brachte sich mit seiner Sense in Schwingung und schwang das Sensenblatt im größtmöglichen Radius vor sich hin und her. Das Messer schwebte so knapp wie möglich über dem Boden und kürzte die Grashalme. Der Bewegungsablauf zeugte von selbstverständlicher Beiläufigkeit, von hochkonzentrierter Eleganz, das erhobene Haupt, das Drehen um die eigene Körperachse, die leicht angewinkelten Knie verbunden mit den Schrittfolgen von Stand- und Spielbein. Die Sense war sein Instrument, das er beherrschte wie ein Geiger seine Geige. Der albanisch-amerikanische Fotograf Gjon Mili (1904–1984) experimentierte mit Mehrfach- oder Langzeitbelichtungen und machte damit Bewegungsabläufe sichtbar. Berühmt geworden ist eine Fotoserie, die 1952 im Magazin LIFE erschien und die runden Spielbewegungen des Geigenbogens von Jascha Heifetz im Dunkeln sichtbar machte. Mili ließ auch Pablo Picasso mit Licht malen. Dabei werden Pinselstriche zu einem Oszillografen einer wunderbaren Augenmusik, in der jede Bewegung harmonisch ist.

Und zum Zusammenhang zwischen Körper und Bewegung kommt mir Andreas Vesalius[12] in den Sinn. Der flämische Anatom und Chirurg der Renaissance gilt als Begründer der neuzeitlichen Anatomie und des morphologischen Denkens in der Medizin. Der Leibarzt Kaiser Karls V. und König Philipps II. von Spanien verfasste das erste Anatomiebuch der Menschheitsgeschichte. Darin sind kunstvolle Skelettabbildungen in allen möglichen

Haltungen zu sehen, die in ihrer stimmigen Ganzheitlichkeit faszinieren.

In diesem körperlichen Zusammenspiel aller Knochen gab es keinen überflüssigen Schlenker. Es stimmt alles, wie bei meinem mähenden Großvater, der offenkundig ein Virtuose der Sense war. Die Ästhetik und Stimmigkeit dieses Vorgangs machte mir mein erster Elch schlagartig klar. Mein Großvater hatte die Leichtigkeit und Virtuosität eines Könners. Trotz stundenlanger Arbeit bei hochsommerlichen Temperaturen war er ein Schwimmer, der Zug um Zug das Grün seiner Wiesen durchzog.

Der Gipfelpunkt allen Bemühens ist die scheinbare Mühelosigkeit. Es liegt keine Hast darin. Das Hin und Her war wie ein Ein- und Ausatmen, das ein sanftes, in seiner stetigen Wiederkehr beruhigendes Schneidegeräusch erzeugte. Diese großväterliche Könnerschaft in Haltung, Bewegung und Tun kam mir in einem schwedischen Wald ins Bewusstsein und wirkt seitdem auf mich und mein Flötenspiel. Ein- und Ausatmen, Spiel- und Standbein, die Flöte umarmend, aus der Körpermitte spielend.

Seitdem und durch langjährige Körperschulung bei der legendären Burga Schwarzbach (1921–2003) hat sich meine Wahrnehmung von Bewegungsabläufen und Haltungen geschärft. Ich beobachte, wie Musiker*innen die Bühne betreten, bevor sie zu spielen beginnen. Wie werden sie und ihre Instrumente klingen? Keine große Geigerin schleppt sich mit hängenden Schultern oder schiefem Kopf auf die Bühne. Haltung und Körperbewusstsein sind für Klang und Virtuosität notwendig. Haben Sie schon beobachtet, warum manche Menschen selbst auf übervollen Straßen nicht angerempelt werden? Sie wirken ohne Blinklicht oder sonstige Warnzeichen wie Moses, teilen nicht Wasser-, sondern Menschenmassen und bahnen sich, ohne sprechen zu müssen, einen störungsfreien Weg. Man spricht von Charisma. Mein Großvater ist vielen Menschen als sehr großer, aufrechter Mann in Erinnerung. Was bemerkenswert ist, da er – mehr als zehn Zentimeter kleiner als ich heute – von nur durchschnittlicher Körpergröße war.

Wenn Handgriffe mehr als nur gelernt sind, Abläufe geläufig sind, sie in ein ganzheitliches, körperliches Bewusstsein eingehen, kann sich die Beiläufigkeit des Spielerischen einstellen. Die Beiläufigkeit einer Geläufigkeit ist die Grundvoraussetzung, um ins Virtuose zu gelangen. Was interessieren mich die handwerklichen Herausforderungen einer Geigerin, eines Tischlers, wenn ich Musik hören oder einen stabilen Tisch haben will? Nicht jede*r Handwerker*in ist eine Kunstschaffende. (Auch nicht jeder Geiger, aber das ist ein anderes Thema.) Der Sensenmähende gibt auf der grünen Wiese keine Ballettaufführung. Die spielerischen

Vorgänge treffen sich im Verschmelzen und Verschwinden der Grenzen zwischen Körper, Geist, Instrument oder Werkzeug und Austragungsort. Der Unterschied liegt in der Absicht. Ein Konzert ist kein unmittelbarer Vorgang zur Futterbeschaffung, hingegen kann beides zur Pflege einer Kulturlandschaft gezählt werden.

Ich denke an den Straßenkehrer einer nahen Bezirksstadt meines Heimatortes, den ich erst spät in seinem sanft poetischen Fegen der Gehsteige registrierte. Ein zarter Mensch, der eine große Güte ausstrahlte und vermutlich nicht zufällig zu besonderen Anlässen Mundartgedichte verfasste und vortrug. Er begriff die Räume, in denen er tätig war, unabhängig von der Art des Tuns, als die Austragungsorte seiner Poetik.

Toni Sailer (1935–2009), der mit seinen drei olympischen Goldmedaillen und sieben Weltmeistertiteln zu den erfolgreichsten Skirennläufern Österreichs zählt, wurde in einem Interview gefragt, was der Grund für seine Schnelligkeit sei. Er antwortete mindestens so verwundert wie meine Tochter auf meine Eingangsfrage in breitem Tiroler Dialekt: „Da muast en Schi afoch laffn låssn!“ Nicht einmal über seine Antwort musste er nachdenken. Sie lief heraus. Sailer benannte das Laufenlassen, das Zulassen, das Hingeben als sein Erfolgsrezept.

Er erwähnte nicht, dass zum Erreichen eines Weltklasseniveaus Talent und, laut Studien[13], ein kritisches

Minimum an Zeit von mindestens 10.000 Trainingsstunden notwendig sind. Was erforderlich macht, im frühesten Kindesalter anzufangen, um so viel wie möglich üben und trainieren zu können. Dies gilt für Sportler, Musikerinnen, Maler, Artistinnen, Tanzende oder Akrobaten gleichermaßen. Der Schwerkraft entkommt man so wenig wie dem Talent, das erst recht geübt werden will. Es gibt viel zu tun, bis es läuft, um es laufen lassen zu können. Ausdauer, Frustration, Druck, Verletzungen physischer oder psychischer Art sind dabei Schlagworte im wahrsten Wortsinn. Es geschehen zu lassen bedingt nicht nur Loslassen. Lassen braucht Übung: Stille, Fokussierung, Hingabe, Fließen, Wachheit, Versenkung, Sammeln, Einatmen, Ausatmen, Ausbruch, Ausdruck und wieder Stille, wobei letztere in Sailers Fall durch die Jubelstürme im Ziel überdeckt wurde.

Dort und nicht nur da unterscheidet sich der Sport von der Kunst, die Resultate sind andere. Sailer beschreibt das Paradoxon von beabsichtigter Absichtslosigkeit: zweckgerichtete Zweckfreiheit nennt sie der amerikanische Musikerfinder John Cage. Alles richtet sich auf den einen Moment, wie der Bogenschütze auf das Loslassen des Pfeils. Zielgerichtete, indeterminierte Freiheit. Ein Akt größter Selbstvergessenheit, ein Aufgehen im Abgehen, höchstes Dasein im Wegsein. Das Handwerk, das man sich dafür unabdingbar anzueignen hat, muss man im Moment des Laufenlassens liegen lassen. Oft und ewig geübt, um letztlich aus der Übung zu sein. Cage schreibt in seiner „Unbestimmtheit": „Künstler sprechen viel über die Freiheit. Den Spruch ‚frei wie ein Vogel' im Sinn, ging Morton Feldman eines Tages in den Park und verbrachte einige Zeit damit, unsere gefiederten Freunde zu beobachten. Als er zurückkam, sagte er: ‚Wusstest du, dass sie nicht frei sind? Sie kämpfen um jeden Brocken Brot.'"[14]

Mein Großvater verstand sein Handwerk. Wie hat er dieses erlernt, das weit mehr als nur das Mähen mit der Sense umfasste? Haben es ihm sein Vater, seine älteren Brüder gezeigt? Hat er es vom Zuschauen gelernt? Vielleicht war er einfach ein Bewegungstalent und hat es sich selbst beigebracht? Körperliche Arbeit ist heute nur mehr dort nötig, wo keine Maschinen zum Einsatz kommen können: auf schwer erreichbaren Baustellen, Bergbauernhöfen oder in Orchestern. Wer körperlich arbeitet, muss danach trachten, sich die Kräfte einzuteilen. Ökonomischer Einsatz von Mitteln verspricht aber per se noch keine Eleganz. Sein Handwerk zu verstehen heißt zu wissen, wie man sich bewegt. Wir brauchen vielen Bewegungsabläufen nicht mehr auf der Spur zu sein: einen Schalter umzulegen, einen Knopf zu drücken erfordert weder sonderliche physische Könnerschaft noch Krafteinsatz. Wir verlernen damit Bewegungsarten und Körperbewusstsein. Stattdessen fahren wir mit dem Auto zum Fitnesscenter und lassen uns in Geräte einspannen, um fit zu bleiben.

Ich hatte das pure Kindheitsglück, im Umfeld des großelterlichen Bauernhofs aufzuwachsen. Abgesehen davon, dass das Gelände zum Freilaufen und für Spiele aller Art vorhanden war, wurden wir auch freigelassen und kehrten erst abends hungrig wieder ins Elternhaus zurück. Meinen Kindern würde ich dies gar nicht mehr zutrauen. Die Gefahren lauern überall und sind definitiv mehr geworden. Wir streiften durch die Wälder, bauten uns unter Anleitung des Großvaters Bogen und Pfeile, führten Bandenkriege oder machten in den Ferien tagelang Radtouren auf den noch nicht asphaltieren Schotterstraßen. Ein Knie war immer wund. Wir bewegten uns in unserem Raum.

Mein Großvater wäre sicher verwundert über meine Gedankenspiele. Am Sonntagnachmittag lief bei meinen Großeltern meistens der Fernsehapparat. Wenn das Programm nichts anderes hergab, wurden Formel-1-Rennen geschaut. Eines Tages fragte der Großvater hörbar, ohne eine Antwort zu erwarten: „Mich wundert, dass der Niki Lauda bei dem ewigen Im-Kreis-Fahren nicht *kopfdamisch* wird." Motorisierung hielt er ja schon beim Grasmähen für verrückt.

Der Sternenstaub des Unerwarteten

Zwischenspiel

Play flipper skill games for fun and recreation steht auf dem Flipperautomaten in meinem Büro. Dieser Geschicklichkeits-Spielautomat war ein Geschenk zu einem runden Geburtstag und ist so alt wie ich. Seine unbespielte Anwesenheit sorgt bei allen Menschen, die an meinen Arbeitsplatz kommen, für Verwunderung und sofortigen Gesprächsstoff. Büros sind keine Spielhöllen, selbst wenn sie in einem Spielgebäude – wie meines im Dachgeschoß eines Theaters – angesiedelt sind. Solche Automaten standen bis in die 1990er Jahre in vielen Landgasthäusern. Um einen Schilling konnte man alleine oder mit bis zu drei Mitspielenden in den

Wettbewerb gehen. Der Kopfaufsatz ist ein senkrechter Aufbau, der am hinteren Ende des Flippers sitzt, die Bemalung der Glasscheibe erinnert an „Ziggy Stardust“, David Bowies Konzeptalbum, das im Jahr nach uns das Licht der Welt erblickte. Eine exzentrische Tänzerin tanzt unter den Blicken zweier affenähnlicher Männer in einem futuristisch bunt gezackten und hautengen Kleid. Dieses Spielgerät suggeriert Happiness und Tanzlust. Die Spielfläche ist mit vielerlei Features ausgestattet, zum Beispiel mit einem beweglichen Pfeil, der bei Berührung mit der Kugel unterschiedliche Verläufe fürs Punktesammeln auslöst. Die Interventionsmöglichkeiten beschränken sich auf die Steuerung der Flipperfinger und die Intensität, mit der man die Kugel im Spielgeschehen hält. Ob es in den Siebzigerjahren des vorigen Jahrhunderts schon neurologische Untersuchungen gab, die die Veränderung der damit verbundenen Hirnareale bei exzessivem Zeigefingergebrauch erforschten, bezweifle ich. Die permanente Bewegung der Daumenspitze auf unseren Smartphones führt laut Forschungen[15] dazu, dass die Reize dieser Fingerspitze im Gehirn sensibler verarbeitet werden und das entsprechende Areal deutlich wächst. Klavierspieler*innen berichten von ihrem Fingergedächtnis. Durch das viele Üben merkten sich die Finger die Stücke, viele kennen dies vom Tippen auf der Schreibmaschine. Zum Flipperspielen gehört ein unverkennbarer Soundtrack. Das Rattern der Punkteanzeige und der vielen Schaltrelais kommt einem Musikstück für Perkussionsensemble sehr nahe. Ein heller Glockenklang markiert das Ende einer Runde und das Spektakel wird durch das Blinken der Lichter verstärkt. Das wahre Ereignis ist und bleibt aber der Spielautomat selbst, dazu braucht man gar nicht zu spielen. Für mich ist es eine tägliche Aufforderung, spielerisch zu bleiben, und wenn ich es einmal vergesse, erinnern mich meine Gäste mit ihrem Erstaunen daran. Das nicht zu Erwartende erhöht die Gefahr, außerhalb des Üblichen, Normalen agieren zu müssen und damit ins Spielerische zu kommen. Dies gilt auch für ein halbes Jahrhundert alte Spielautomaten. Der Sternenstaub des Spielens ist zeitlos.

My dear Glenn

Viele Menschen haben in der pandemischen Zeit gezeigt, dass ein Ausnahmezustand kein Unmöglichkeitszustand ist. Neue Ideen, Produkte und Vertriebswege wurden gefunden und entwickelt. Vieles wurde – wenn möglich – von innen nach außen verlagert oder frei Haus geliefert. Wir haben die Segnungen und Flüche des Digitalen mit allen Vor- und Nachteilen richtig zu entdecken begonnen und bemerkt, dass wir uns diesen Raum noch gehörig erobern müssen. Was macht einen Raum zu einem menschlichen Erfahrungsgebiet? Ich erinnere mich, dass in einer unserer ersten virtuellen Übertragungen eines Diskussionsabends im Kepler Salon der nicht sichtbare Hund einer Gastgeberin bellte. Dieses Tier hat der flachen Mattscheibensituation zu einem körperlichen Zauber verholfen, als hätte erst sein Bellen bewiesen: Uns gibt es wirklich! Wir sind hinter dem dünnen Glas lebendig. Wir stehen hier am Anfang, müssen experimentieren, versuchen, lernen und diese neue Kulturtechnik an uns selbst erfahren. Wie sehr sich die dazu notwendigen Werkzeuge und Kanäle auf dem digitalen Gebiet und unser Umgang damit entwickeln, haben die vergangenen Monate gezeigt. Der digitale Humanismus kommt immer mehr in Diskussion. Bis hin zu der Erkenntnis, dass sich in der digitalen Welt offensichtlich wieder Verhältnisse einer mittelalterlichen Feudalherrschaft etablieren, da sie unter der Kontrolle und Steuerung einiger weniger weltweit agierender Landlords steht. Wir glauben uns freier denn je, doch unsere Datenlage sagt anderes. Eine hochspannende Spielerfahrung habe ich auf dem Gebiet der Künstlichen Intelligenz (KI) im Rahmen des Linzer Ars Electronica Festivals 2019 machen können. (Ich möchte bemerken, dass der Begriff der Künstlichen Intelligenz eine Irreführung ist. Intelligenz heißt für mich, selbstständig denkend Zusammenhänge herzustellen und Schlüsse zu ziehen. Die Maschine vollbringt nur, was ihr beigebracht wird, kann dabei aber natürlich aus ungeheuren Datenmengen Entscheidungen treffen.) Das internationale Forschungsprojekt „Dear Glenn" nahm mit einem Konzert in der Stiftskirche Sankt Florian, dort, wo der ehemalige Stiftsorganist Anton Bruckner unter seiner Orgel in einem metallenen Sarkophag prominent bestattet wurde, erstmalig seinen öffentlichen Spielbetrieb auf.

Mit „Dear Glenn“ stellt ein japanischer Konzern das erste auf maschinellem Lernen basierende KI-System für Klavier vor. Die Künstliche Intelligenz wurde mit allen Aufnahmen des kanadischen Ausnahmepianisten Glenn Gould (1932–1982) gefüttert. Allen hier Lesenden, die seine Einspielung der „Goldberg Variationen“ von Johann Sebastian Bach von 1981 nicht kennen, sei diese dringlich ans Herz gelegt! Gould saß auf einem niedrigen Klavierhocker und war mit der Tastatur auf Augenhöhe. Sein Spiel ist von einem exzentrisch beredten Stil bestimmt, der einen mit gespitzten Ohren in den Bann zieht, wie es selten bei Aufnahmen möglich ist.

Interessant daran ist, dass das künstlich intelligente Spielsystem jedes neue Stück aufgrund der gesammelten Erfahrungen im Gould-Stil zu spielen wagt, das vermittels einer Mechanik auf einem echten Klavier erklingt. Ich wurde mit einer Geigerin eingeladen, eine Triosonate von Bach, die Glenn Gould nie gespielt hatte, mit der Maschine live im Konzert zu spielen. Wer kann schon von sich behaupten, mit Glenn Gould im Jahre 2019 vor hunderten Zuhörenden Bach gespielt zu haben? Einige Tage vor dem Konzert gab es erste Proben im Refektorium des Stifts. Inmitten eines Saals, der von barocken Baugroßmeistern wie Carlo Antonio Carlone und Jakob Prandtauer für die Ewigkeit errichtet wurde, stand ein kompliziert verkabelter Flügel. Der Klavierhocker blieb leer, aber eine Kamera blickte uns entgegen, um aus meiner Einsatzbewegung Beginn und Tempo ablesen und das Spielsystem auslösen zu können. Das künstliche Spielsystem hört zu, um auf jegliche Tempobewegung seiner Mitspielenden zu reagieren. Nach mehrmaligem Durchspielen des Stücks hatten wir uns aneinander gewöhnt. Auch mit leibhaftigen Musikerinnen und Musikern braucht es meist etwas Zeit, um sich zusammenzuspielen. Das Zusammenspiel erlebte ich nicht als Interaktion mit einer starren Klangmaschine, die sich darauf versteht, Glenn Gould zu parodieren. Im Gegensatz zu Menschen, die imitieren, ist das Gefühl in der Interaktion mit dem reaktiven KI-System stimmiger. Einzig der gemeinsame Einsatz blieb bis zum Konzert ein Problemfeld. Unter Menschen reicht ein gemeinsames Einatmen, um Spielbeginn, Tempo und Intensität zu koordinieren. Ich bin aber sicher, dass dieses Problem mittlerweile längst gelöst ist. Die berechtigte Frage ist, welchen Mehrwert ein solches Projekt generiert. Fantastische Klavierspielerinnen gibt es viele, mit denen man diese barocke Triosonate spielen könnte. Es gibt die Möglichkeiten, dem unverwechselbaren Phänomen Glenn Gould lebendig auf der Spur zu sein. Dies ist im Sinne einer angewandten künstlerischen Forschung eine einzigartige Möglichkeit, um sich diese zu erspielen. Für mich war es eine faszinierende Erfahrung, die ich jederzeit wiederholen würde. Befremdlich bleibt die körperliche Abwesenheit des Mitspielenden. Musikalisches Zusammenspiel funktioniert nicht nur über die Ohren, sondern auch über Blicke, Gesten, Empathie, das gemeinsame Erspüren eines Werks im Kontext einer Raumatmosphäre, obendrein sind Energie und Aufmerksamkeit der Zuhörerinnen und Zuhörer wesentliche Mitspielende. Ich bin sicher, dass uns Künstliche Intelligenzen in Gegenwart und Zukunft in vielen Bereichen mehr als nur unterstützen werden. Doch die spielentscheidende Haupterkenntnis ist, dass das Menschliche durch nichts ersetzbar ist. Wir brauchen einander.

I am sorry, my dear „Glenn"!

Wir schlagen nicht, wir spielen

„Wir schlagen nicht, wir spielen." Diese Devise klingt nach einem Projekt, das Jugendliche von der Straße holt, um ihnen mit sportlichen oder musikalischen Aktivitäten eine Perspektive zu schenken – wie es zum Beispiel der Musiker, Ökonom und Aktivist José Antonio Abreu (1939–2018) in Venezuela mit seinem Orchesternetzwerk „El Sistema" für Hunderttausende Kinder ermöglicht hat. Der Satz stammt aber von einem ehemaligen Solopauker der Berliner Philharmoniker, der für die feinfühlige, differenzierte Behandlung seines Schlaginstruments gerühmt wurde. Orchester gehören zu den letzten großen, puren Handwerksbetrieben unserer Zeit. Automatisierung kann schlichtweg nicht stattfinden, was nicht bedeutet, dass es keinen

Fortschritt gibt. Im Gegenteil, die Instrumente müssen immer wieder von Neuem in Schwingung versetzt werden, um den Werkstoff Musik erlebbar zu machen. Die Musiker*innen mussten in sehr jungen Jahren eine Entscheidung für das Handwerk treffen. Die Handgriffe, um ein Instrument zum Klingen zu bringen, verlangen Übung, Selbstverständlichkeit, ewige Bereitschaft, weiter zu trainieren und außerdem offene Ohren, um sich selbst und die anderen wahrzunehmen. Spielen im Orchester bedeutet, zwei fundamentale Dinge gleichzeitig zu tun, zuzuhören und zu kommunizieren. Mit den Handgriffen ist es lange nicht erledigt. Partituren, Stile müssen decodiert und verstanden werden, um sie sich zu eigen zu machen, verwirklichen zu können und eine Freiheit im Moment des Konzerts zu gewährleisten. Ohne diese sind Kunst, künstlerisches Schaffen und vollendetes Handwerk, das im besten Fall zum Spiel wird, gar nicht möglich.

Die Arbeit von Musikerinnen, Sportlern oder professionell Kartenspielenden wird mit dem Wort „spielen" bezeichnet. Wer im Orchester spielt, der arbeitet! In „meinem" Bruckner Orchester Linz spielen mehr als 120 Musikerinnen und Musiker aus mehr als 20 Nationen. Um ins Orchester aufgenommen zu werden, muss man sich einem Probespiel stellen. Man bewirbt sich, wie vor einiger Zeit 300 (!) junge Musikerinnen und Musiker, für eine zweite Flötenstelle, und 40 davon werden eingeladen. Dann kommt es zu einem Auswahlverfahren über mehrere Runden. Um Objektivität zu sichern, finden die ersten Runden hinter einem Vorhang statt. Die Mobiltelefone der Jury werden eingesammelt. Die Vorspielenden aus aller Welt bekommen erst mit dem Lüften des Vorhangs Gesicht und Namen zurück. Sie sind bis dahin nur über ihr Spiel wahrnehmbar. Geschlecht, Nationalität oder sonstige Attribute spielen keine Rolle. Daher ist bei uns das Geschlechterverhältnis auch fast ausgeglichen. Faszinierend in diesem Zusammenhang ist es, ein Orchester als funktionierendes Gesellschaftsmodell zu betrachten. Es geht einzig um das Ereignis, um das Ereignen eines Kunstwerks, das unter der Anleitung einer Dirigentin, eines Dirigenten eine gemeinsame Suche in den Partituren bedingt. Diese Suche lässt einen unverwechselbaren Dialekt, eine gemeinsame, klingende, wiedererkennbare Identität finden.

Das höchste Ziel eines Ensembles, dieses Organismus, ist Homogenität. Grundbedingung dafür ist gegenseitiges Vertrauen, das vor allem auch der oder die Orchesterleitende gewinnen muss. Wie geht das? Zum einen muss man festhalten, dass hochkarätige Expertinnen und Experten, Handwerkende diesem Kollektiv angehören – aber eine Gruppe von Individualistinnen macht noch kein Ganzes, schon gar kein unverwechselbares. Dazu braucht es eine gemeinsame Ausrufung, ein gemeinsames Ziel, das sich nicht nur im täglichen Ereignen von Kunstwerken erschöpft, sondern darüber hinaus eine ständige Befragung dessen erfordert, wer wir sind und wofür wir stehen. Eine wichtige Rolle beim Thema kommt dabei naturgemäß dem Dirigenten, der Dirigentin zu und im Speziellen dem Chefdirigenten, der für einen großen Teil der Aufführungen am Pult steht und die Person ist, die künstlerisch die Richtung, den Takt vorgibt. Chefdirigent des Bruckner Orchester Linz ist Markus Poschner, ein charismatischer Musiker, der das Notierte gründlich zu lesen und immer neu zu begreifen versteht, um dann im Konzert die Unmittelbarkeit des Augenblicks zuzulassen.

Der Dirigent, die Dirigentin hat auch klare koordinative Aufgaben und muss mitunter Verkehrspolizist oder Torhüterin spielen. Doch das wäre viel zu wenig, um dauerhaft Ereignisse zu schaffen – und um nichts anderes kann es in der Kunst gehen. Wie kann es sein, dass ein Orchester über Nacht völlig anders klingt, weil eine andere Frau, ein anderer Mann ihre oder seine Hände davor bewegt? Die Rolle des Dirigenten hat sich im Laufe der Zeit sehr gewandelt. Ein wie am Spieß brüllender Arturo Toscanini (1867–1957), der in Tobsuchtsanfällen die Partitur nach Musiker*innen warf, die sich dann noch dafür entschuldigen mussten, eine Angriffsfläche geboten zu haben: Die Zeit der gefürchteten Dompteure und Diktatoren – hier kann ausschließlich die männliche

Form beunruhigt Verwendung finden – ist längst vorbei, kein Kollektiv der Welt würde sich dies noch gefallen lassen. Heute ist die Prima beziehungsweise der Primus inter pares gefragt. Wobei Orchester unterschiedliche Anforderungsprofile an ihre Führer*innenschaft haben, wie es eine junge Dirigentin präzise in drei Gruppen dargelegt hat: Es gibt jene Orchester, die möglichst genau wissen wollen, was zu tun ist. Andere üben sich ihrer Natur gemäß im Protest – eine Energie, die es von der „Torhüterin" in künstlerische Energie zu verwandeln gilt –, und dann gibt es eine dritte Gruppe, die Austausch fordert und sich in der Entwicklung gemeinsamer musikalischer Ideen einbringt. So kann vertrauensvolles Zusammenspiel, die Verwirklichung eines Bauplans, der sich Partitur nennt, gelingen.

Eine zentrale Rolle kommt auch dem Raum zu, in dem dies passiert, seiner Akustik. In der Kunst gibt es keine Tagesordnung, falsche Routine führt zur Erstarrung – und doch braucht es Dienstpläne. Wobei anzumerken ist, dass keine Woche einer anderen gleicht.

Ein Orchester ist eine Spezialeinheit zur Schaffung von Zusammengehörigkeit und Gegenwart. Im Augenblick des Ereignisses eines Konzerts, einer Opernvorstellung versammeln wir uns. Musik schafft es, uns in die Gegenwart zu versetzen. Musik kann gar nicht alt genug werden, um nicht erst im Augenblick, in dem sie gespielt und gehört wird, lebendig und sehr jung zu sein. Man mag an ihr vielleicht barocke, klassische oder avantgardistische Spuren oder gar den Namen des Schöpfers erkennen. Unabhängig von unserem Alter oder dem der Musik werden Hörende und Spielende im besten Fall zu einem Klangkörper – in einem Akt des Gemeinsamen. „Man sollte das Konzert grundsätzlich als Kommunikationsmittel betrachten, als lebendigen Kontakt zwischen aktiven Personen, seien sie Hörende oder Schaffende“[16], brachte es der Komponist und Dirigent Pierre Boulez (1925–2016) auf den Punkt. In diesem Augenblick sind wir als Horchende solidarisch miteinander verbunden und brauchen nichts zu tun als zu lauschen. Doch das Ereignis geht weit über das Soziale hinaus. Im Raum der Kultur betreten wir die Areale der Kunst und können dort Zustände des Ungreifbaren erleben, die greifbarer nicht sein können: Freude, Irritation, Erbauung, Lust, Zorn, Transzendenz, Langeweile und vieles mehr. Nicht nur Orchester, aber diese in besonderen Ausmaßen, wagen fast täglich, diese Räume für uns alle zu errichten. Es sind fragile Räume, wie wir in den vergangenen Monaten deutlich erfahren mussten. Sie sind nicht selbstverständlich, aber in zutiefst menschlicher Weise lebensnotwendig. Wir brauchen das Ungreifbare, die Orte, wo der Zauber gewagt wird. Unsere Anstrengung hat höchster Qualität zu gelten und dem Bemühen, diese Erfahrungen vielen Menschen möglich zu machen.

Eine Frage der Kultur

Menschen ohne Fantasie haben keine Hoffnung. Fantasie ist nicht nur Kindern, Realitätsfremden, Kunstschaffenden oder Kriminellen vorbehalten. Sie ist der Ausgangspunkt fürs Schöpferische und Gestaltende. Wer sich auf den Kopf stellt, fällt mitunter erst dann auf die Füße. Wir sind im Spiel!

Ist es eine Frage der Kultur, ob dem Möglichkeits- oder dem Unmöglichkeitsraum die dominierende Rolle zugestanden wird? Hat das Spiel Platz in unserer Kultur oder findet es nur in den dafür vorgesehen Reservaten statt?

Was ist denn Kultur eigentlich? Kultur ist die lebensnotwendige Atmosphäre, in der wir unser Miteinander verhandeln, die Arten des Miteinander-Umgehens vereinbaren. Wir brauchen sie wie die Luft zum Atmen.

Kultur ist der Möglichkeitsraum für das Gemeinsame, für Zusammengehörigkeit in der Vielfalt. Kultur, das sind wir. Wir mussten allesamt in den vergangenen Monaten erfahren, was uns fehlt, wenn wir darauf verzichten müssen.

Eine Grundeigenschaft der Kultur ist Wandlungsfähigkeit, die Fähigkeit zur Veränderung und Erweiterung. Wenn wir uns bewegen, müssen wir des Bodens gewahr werden, von dem wir kommen, auf dem wir zusammenleben. Oft sind es Künstler*innen, die in ihren zweckungebundenen, offenen Laboratorien Werke schaffen, die uns weiterblicken lassen, die uns kreative Möglichkeiten aufzeigen, uns daran erinnern, dass wir alle Mitgestalter*innen unserer Gesellschaft sind und sein können. Kultur ist vor allem auch der Spielraum, in dem das Menschliche, das Wir möglich wird. Das Wir, das besonders in diesen Tagen wieder so gefährdet ist, im Aufsplitten in Arm und Reich, unten und oben, links und rechts, nah und fremd, in Befürworterin und Gegner. Kultur ist in meinem Begriff vor allem ein Raum des Sowohl-als-Auch, auch wenn es naturgemäß Geländer und Regularien geben muss, um das Grundsätzliche zu vereinbaren.

Wir leben sie tagtäglich in bunter Diversität, ob als Esskultur, Hochkultur, Subkultur, Unternehmens- oder Organisationskultur. Wir Österreicherinnen und Österreicher frönen mitunter hemmungslos der Trinkkultur. Wir können eine Kultur des Respekts pflegen, die Freikörperkultur ist eine. Den Begriff der Willkommenskultur, die Abreisezentren zeitigt, will ich nicht mehr strapazieren. Unwissenheit schützt nicht vor Kultur. Streng physikalisch betrachtet bestehen wir Menschen aus Zwischenräumen, die mit viel Wasser gefüllt sind. Zwischen uns ist nichts als lebenserhaltende Luft. Unsere Festigkeit ist also eine Illusion. Das Außen konfrontiert das Innere, wirkt aufs Innen wiederum nach außen, bewirkt, erzwingt Veränderung, erinnert uns im besten Fall ans bewusste Atemholen, um zu uns zu kommen und klar denken zu können. Wir leben in einer Kultur, die bestimmt ist durch Ingredienzien wie Weihrauch, Walzer, Gabel, Löffel und Messer, griechischen Wein von Udo Jürgens und Grünen Veltliner aus der Wachau und dem Weinviertel, Bruckners Klangkathedralen und Schachtelsätze von Thomas Bernhard, Kirchtürme in jedem Ort, vierkantige Bauernhöfe, Most oder flügelverleihende Energiegetränke, wenig Großformat und viel Kleinformatiges: ein geschrumpfter Vielvölkerstaat zwischen „Zauberflöte" und Mozartkugeln, Seen und Granithügeln, Autobahnen mit überdimensional vielen Raststationen, wo Kaffee und Kipferl angeboten werden. Typisch österreichisch wie der Hang zur Gemütlichkeit, die die Mittelmäßigkeit liebt oder die ausgesprochene Renitenz, wenn es um die Beschäftigung mit der Vergangenheit geht: Jetzt muss doch endlich einmal eine Ruhe sein! Unser ausgeprägter Hang zur großen Skepsis gegenüber allem Fremden will nicht unerwähnt sein. Was der Österreicher – die Wahl der männlichen Form ist bewusst – nicht kennt, gibt es meistens nicht.

Dabei darf ich an die Türkenbelagerungen erinnern, die uns den Kaffee, die „Entführung aus dem Serail" und den unverkennbaren Klang unserer geliebten Blasmusiken beschert haben: Tschinelle, Triangel und Trommel stammen von den Janitscharen. Das ist wahre Volkskultur und Vereinnahmung eine – heute zu Recht problematisierte – kulturelle Strategie.

Wie steht es um unsere Kultur? Wie steht es um die Toleranz, die eine Transittugend ist? Toleranz verlangt von uns, vorerst zu dulden, was uns widerstrebt. Und Duldung kann nur ein Zwischenzustand sein, hin zum wirklichen Näherkommen, Anerkennen oder eben auch zum Fernbleiben. Das klingt alles sehr anstrengend, wirft Fragen auf, nur um uns für Momente sicher sein zu können. Kultur wird durch unsere Wurzeln geprägt, woher wir kommen. Sie ist aber auch das unbekannte, sich verändernde Land, in das wir gehen. Wir selbst prägen sie, prägen sie uns aus. Die Fragen, die die Kunst aufwirft, die alten wie die alten neuen oder die neuen, sind dabei ein Sehnsuchtsraum unbestimmter Geografie, so sehr dieser auch oft verortet ist. Ist es dieser Ort, an dem wir immer wieder neu Bewusstsein erlangen? An dem wir uns delektieren und an dem wir irritiert werden können? Im Bewusstsein steckt Wissen! Ich wünsche uns eine *Kultur als offenes Feld*, auf dem Winde aus allen Richtungen und Ursprüngen wehen, die uns ins und aus dem Konzept bringen, uns lebendig halten. Ein Feld, auf dem eine Frage der anderen folgt, Antworten als Möglichkeiten erschlossen werden können. Ein Möglichkeitsraum, der vor allem ein Raum möglicher Unmöglichkeiten ist.

Ich bin mir bewusst, dass die Herkunft uns in vielem determiniert, uns Grund und Halt gibt und Wertmuster etabliert hat, derer wir uns durchaus nicht immer bewusst sind. Die Habsburgermonarchie liegt mehr als hundert Jahre hinter uns Österreicher*innen. Und doch ist das hierarchische Denken, der Reflex zum Gehorsam in unserem Land fast unangetastet geblieben, fragen Sie nur einen Hofrat oder einen Professor. Bei allem Respekt überlegen wir doch einmal, warum wir uns bei Festakten von den Sitzen erheben, wenn die Spitzen unseres Staates einziehen? Das Gedächtnis der längst vergangenen Kultur und ihrer Üb(erheb)lichkeiten ist ein ausdauerndes, es sitzt uns wie eine Art Ur-DNA in den Knochen. Die Kultur der Vergangenheit ist lautlos hörbar. Unkultur kennt allerdings selten eine Lautstärkenbeschränkung. Kultur ist ein Feld der Empathie, wenn wir es wirklich betreten. Betreten heißt, sich damit auseinanderzusetzen, sich dazuzusetzen, sich einzulassen und befragen zu lassen: eine Bewusstwerdung im Offenen. Plätze respektvollen und dabei doch ungehemmten Diskurses sind in unseren Breiten wenig etablierte Oasen. Hierzulande lieben wir das Lob, die Überhöhung, sonst wird schnell mit dem Vorwurf der Majestätsbeleidigung reagiert. Ich sehne mich nach einer Kultur der Neugier. Diesen wandelbar festen Grund brauchen wir zum Aufbrechen in die Gegenwart, in der der Status quo auf Herausforderung steht. Wer Fragen stellt, ohne die Antwort schon lange zu wissen, ist sich und damit uns am ehesten auf der Spur. Kultur ist das, was daneben, dazwischen, darüber, darunter und darin ist. Kultur, das sind wir.

Wir haben im vergangenen Jahr viele Erfahrungen gemacht. Beschränkung war angesagt, Abstand notwendig, um gesund zu bleiben. Das Gemeinsame ist Grundbedingung für Kultur. Die Abwesenheit von Möglichkeiten zeigt uns die Grenzen des Selbstverständlichen auf. Wir bemerken das Fehlende, beginnen genauer zu schauen, spitzen die Ohren. Das Ungreifbare bekommt Konturen. Kultur ist der Spielraum des Menschlichen, der Möglichkeitsraum für Zugehörigkeit. Darin steckt das Hören. Der Hörsinn ist der erste Sinn, der im Mutterleib im fünften Schwangerschaftsmonat erwacht. Wir beginnen im Bauch, das Innen und Außen hörend wahrzunehmen. Von allen Sinnen ist er der letzte, der erst 24 Stunden nach unserem Tod erlischt. Im Hören sind wir verbunden. Hörend *gehören* wir zur Welt. So war es nicht verwunderlich, dass die Balkone im ersten Lockdown sofort zu Konzertpodien mutierten und fest bespielt wurden. Wir mussten uns bemerkbar, hörbar machen und uns dabei vergewissern, dass wir nicht alleine waren. Fast täglich gab es Balkonkonzerte. Innenhöfe, Straßenzüge und Plätze wurden mit Klang erfüllt. Manchmal wurden sogar gemeinsame Lieder ausgerufen und wir wurden durch eine weitläufige Klangwolke verbunden. Musik verbindet spielerisch, es ist ein Grundbedürfnis, von sich hören zu lassen und gehört zu werden. Im Hören ge-hören wir zueinander, wissen voneinander. Wenn jemand oder etwas nicht mehr auffindbar ist, gilt sie oder es als „verschollen", was von „verschallen" kommt und bedeutet, dass es kein Echo mehr gibt, wer oder was aufgehört hat, nachzuklingen! In Zeiten der Distanz wird hörbarer, was wir Menschen brauchen. Für viele von uns waren diese Konzerte magische Momente eines tiefen Gefühls der Zusammengehörigkeit.

Nicht minder bemerkenswert in Zeiten des Lockdowns war, dass die Spielplätze und die Spielräume der Kunst und Kultur die ersten waren, die zugesperrt wurden und die letzten, die wieder aufsperren durften. Wenn es ernst wird, ist es aus mit dem Spiel, lautet die Prämisse. Es ist Zeit, die Austragungsorte des Spiels ernst zu nehmen!

Und wenn ich das Wort Kultur in den Mund nehme, frage ich mich, wie randständig unsere Kultur geworden ist. Sie ist immer weniger Möglichkeitsraum, sondern ein Interessensraum, in dem sich Wirtschaft, Tourismus oder Politik versammeln, um eigene Bedürfnisse gestillt zu sehen. Die politisch-gesellschaftliche Verantwortung ist nur mehr marginal ausgeprägt, zum anderen tun sich der Kulturbetrieb und seine Menschen zum Teil sehr schwer, außerhalb ihrer tradierten Mauern zu agieren. Mauern, denen zu oft die Durchlässigkeit fehlt, um mit den und für die Menschen in die Gesellschaft hinein wirksam werden zu können. Besonders die Zeit der Pandemie beschleunigt den schon länger in Bewegung befindlichen Paradigmenwechsel in der Kultur deutlich. Es geht um Bewegung, Aufbruch und die Wiedergewinnung einer neuen Unschuld. Wir müssen in die Welt aufbrechen, um sie zu verbessern. Es geht um Weltverbesserung und Wiederverzauberung. Was für ein Idealist, höre ich manche denken und erinnere dabei an Hans Magnus Enzensbergers Worte: „Nicht umsonst gilt es bis auf den heutigen Tag als Gipfel der Lächerlichkeit, die Welt verbessern zu wollen, indessen die konträre Anstrengung auf eine gewisse Hochachtung immer rechnen darf.“[17] Doch worum sonst kann es wirklich gehen als um das ewige Versuchen, die Welt ein Stück zu besser zu machen, für uns, für unsere Kinder?

Auf der Hinterbühne der Macht

Zwischenspiel

Machen wir uns nichts vor, Vorspielen gehört zum Menschsein. Wir genießen es im Theater oder leiden darunter in der Beziehung oder im Beruf. Einen verheerenden Blick hinter die Kulissen legen bei aller Unschuldsvermutung die „Chatprotokolle“ um den ehemaligen Bundeskanzler offen: Es sind Protokolle des Vor- und Ausspielens, des Antäuschens und Bluffens oder Manipulierens, wie sie auf den dunklen Spielfeldern der Macht praktiziert werden. „Machen Sie sich selbst ein Bild“, titelte die Tageszeitung „Der Standard“, die gemeinsam mit dem Burgtheater die Chatprotokolle in Szene und Kontext setzte. Eine erarbeitete Auswahl wurde in eine Textfassung gebracht. Schauspielerinnen und Schauspieler des Burgtheaters lasen diese in einer Videodokumentation vor. Die künstlerische Umsetzung der Lesung lag beim Burgtheater; Direktor Martin Kušej führte Regie. Die Aufzeichnung fand auf der Probebühne im Wiener Arsenal statt. Unmittelbar danach entzündete sich eine Diskussion. Die Kulturjournalistin Andrea Schurian erwiderte in einem Kommentar in der Tageszeitung „Die Presse“: „Es gäbe brillante Literatur, mit der Martin Kušej das Publikum über den aktuellen Anlass hinaus sensibilisieren könnte. Die Verlesung der Chats zählt nicht dazu.“ Sie führte weiter aus: „Beinahe so widerwärtig wie die machtgeile Hybris der einen ist dieser Tage die zur Schau getragene moralische Selbstgefälligkeit der anderen, die mit der Verlesung der Chatprotokolle auf der Bühne des Burgtheaters ihren vorläufigen Höhepunkt erreicht hat.“[18] Gerade aber in dieser Produktion zeigte sich die Kunst in einer Unmittelbarkeit, die sie oft verpasst. Aktuelles wird in einen künstl(er)i(s)chen Rahmen gesetzt und vorgespielt. Gerade dadurch wird die Wirklichkeit mitunter erst realisierbar. Die Ungeniertheit, die sich auf der Hinterbühne der Macht als *part of the game* selbstverständlich abspielt, während auf der Vorderbühne das Staatsmännische gemimt wird, ist unfassbar. Was im richtigen Leben nicht zu glauben ist, wird auf der Bühne erst zu fassen.

Liebeserklärung an die Spielverderbenden

Wir brauchen die Drausbringer, die Umkremplerin, die Clownin, den Zirkusdirektor, den Spielmann, die Philosoph*innen, all jene, die uns lustvoll über etwas stolpern lassen, durcheinanderwirbeln, uns die Stimmung heben, irritieren und an die Wirklichkeit erinnern.

Wir brauchen sie, die konstruktiven Anarchistinnen und Anarchisten, die Menschen, die Fragen stellen, die sich nicht immer so sicher sind, die Lebendigen! Regeln zu brechen erfordert deren genaue Kenntnis. Wer geht schon ohne zu schauen bei Rot über die Ampel, nur um eine Regelwidrigkeit zu begehen? Noch wichtiger als das Brechen von Regeln ist der Umgang damit, der auch bedeuten kann, sie zu umgehen, ohne sie zu brechen! Anarchie heißt in erster Linie nicht, andere auf den Kopf zu stellen, sondern sich selbst.

Wir brauchen die Trödler, die Bedächtigen, Nachdenklichen, die das ortsübliche Tempo rausnehmen, auch wenn sie uns damit zur Weißglut bringen.

Wir brauchen die Unsicheren, Verwundbaren und Vorsichtigen. Sie nehmen mitunter Dinge wahr, die als unbedenklich eingestuft werden, aber langfristig der Schlaflosigkeit recht geben.

Wir brauchen die Spielverderberinnen und -verderber! Es ist nicht alles destruktiv, was uns nicht gleich in die Hände spielt. Irritation, Verlangsamung oder Erschwernisse können uns erst recht im Spiel halten, da sie uns auch vor dem Gewohnten bewahren.

PS:
Diese Liebeserklärung bedarf in diesen pandemischen Tagen eines Postskriptums, um nicht missverstanden zu werden. Ich habe genug von Behauptungen, die sich nicht einmal mehr um gute Gründe bemühen. Wobei anzumerken ist, dass gute Gründe immer noch etwas anderes sind als wahre. Ich habe genug von Menschen, die Eigenverantwortung beanspruchen und damit jedwede Verantwortung für den anderen ausschließen. Ich habe genug davon, dass wissenschaftliche Fakten weniger zählen als Privatmeinungen und Gerüchte. Ich habe genug davon, dass Prognosen von Wissenschaftlerinnen

und Wissenschaftlern nicht ernst genommen werden und bei Eintreten so getan wird, als wäre man abermals völlig überrascht worden. Ich habe genug davon, dass das Kalkül der Macht mehr zählt als die Menschen. Ich habe genug vom Gerede über Freiheit, die kein Du kennt und sich nur auf die eigene versteht. Ich habe genug davon, dass in Zeiten großer Unsicherheit mit Verunsicherung gespielt wird.

Spü di!

Spü di und vakü di! Wer glaubt, meine Tochter habe sich am Schluss wieder als Co-Autorin betätigt, irrt und scheint nicht mit dem dialektalen Sprachgebrauch zwischen Oberösterreich und Wien vertraut zu sein. Der genaue Ursprung dieser mündlich tradierten Redensart ist nicht auszumachen, wie mir der Wiener Zitateforscher Gerald Krieghofer bestätigt. Ich vermute, dass die Kraft der verspielten Drohung, gepaart mit der des Reims, die Weitergabe über Generationen garantiert, ohne groß Sinn zu haben. Es gibt diese Androhung verkürzt als „Spü di!" oder als „Spü di ned!" Die nachgestellte Verneinung braucht es nicht, sie unterstreicht nur, denn „Spü di!" heißt: „Finger weg! Du spielst mit dem Feuer und wirst dir deine Finger verbrennen, wenn du nicht davon ablässt."

Kinder spielen *sich*, heißt es im Österreichischen, wenn Kinder im Kinderzimmer oder am Spielplatz spielen. Die oder der „spielt sich“ heißt es auch dann, wenn jemandem etwas offensichtlich sehr leichtfällt: „Der hat sich in der Schule nur gespielt.“ Kann aber auch bedeuten, er nimmt etwas nicht ernst und will provozieren. Man spielt sich, wenn man etwas zu reparieren versucht, dessen man nicht mächtig ist. Vor einigen Monaten sagte ein sehr naher Freund: „Du spielst keine Rolle!“ Aufgrund seiner zugeneigten, warmherzigen Aussprache dieses Satzes habe ich erstmals bemerkt, dass dieser eine zweite Bedeutung hat: Du spielst nichts vor, du schlüpfst in keine Rolle, die dir nicht eigen ist. Du bist authentisch. Ein Satz wie ein Vexierbild, es kommt darauf an, wohin er gekippt und wo er aufgenommen wird. Du spielst keine Rolle, du bist einfach du. Ob es möglich ist, nichts vorzuspielen, bezweifle ich. Wir merken als Kinder, dass gewisse Verhaltensweisen keinen Gefallen bei unseren Eltern finden, schon versuchen wir einen Umweg, der nicht unbedingt unserer ist, und spielen damit, um Zustimmung und Resonanz zu bekommen. Spielen wir uns nichts vor, wir spielen uns dauernd, haben Strategien etabliert, die uns anscheinend das Leben leichter machen, wenn schon nicht spielerischer.

In Zeiten der Unsicherheit zu offenen Zuständen aufzurufen, wie es das Spiel einer sein kann, mag man als verrückt bezeichnen. Spielen hat kein Produkt im Sinn, es bringt uns zu uns, zu unseren Begabungen und lässt uns auf Dinge stoßen, Ideen oder Zufälle erfahren, die bei Wahrnehmung das Zeug zu Rohrkrepierern oder aber zu Bestsellern haben. Das Leben im Spielraum erfordert – wie das Zurechtkommen einer Astronautin, eines Astronauten in der Schwerelosigkeit – viel Disziplin und Übung. Wie bringen wir uns ins Spiel, wie setzen wir uns aufs Spiel und warum sollen wir es überhaupt wagen? Wie gelingt die Wiederverzauberung der Welt? Das Unmögliche ist möglich und das Mögliche niemals unmöglich.

In diesem Sinne: Spielt keine Rolle, spielt nicht mit, wenn es keine Rolle spielt und spielt, was das Zeug hält! Lasst nicht mit euch spielen, bleibt spielerisch und vor allem: Nehmt euch und das Spiel ernst. Es darf um nichts gehen, aber um nicht weniger.

Trust yourself and remember to play!

Es reicht, ich gehe jetzt spielen.

Epilog

Es war ein Spiel! Was sollt' es anders sein?
Was ist nicht Spiel, das wir auf Erden treiben,
Und schien es noch so groß und tief zu sein!
Mit wilden Söldnerschaaren spielt der Eine,
Ein And'rer spielt mit tollen Abergläubischen.
Vielleicht mit Sonnen, Sternen irgend wer, –
Mit Menschenseelen spiele ich. Ein Sinn
Wird nur von dem gefunden, der ihn sucht.
Es stießen ineinander Traum und Wachen,
Wahrheit und Lüge. Sicherheit ist nirgends.
Wir wissen nichts von Andern, nichts von uns.
Wir spielen immer, wer es weiß, ist klug.

Arthur Schnitzler, „Paracelsus" (1898)

Postludium

Playlist

Auf dem sich ständig verändernden Spielfeld meiner Website https://ente.me/ finden Sie unter anderem eine Playlist zu diesem Buch mit Musiken und Spieltipps. Bitte scannen und hören!

Foto © Reinhard Winkler

Norbert Trawöger

entzieht sich kategorisch jeder Schublade. Der vielfältig gestaltende Musiker ist Künstlerischer Direktor des Bruckner Orchester Linz und Intendant des Kepler Salon. Trawöger lebt „genial-schräg" (OÖN) in sich ständig verändernden künstlerischen Aggregatzuständen, meldet sich dabei immer wieder unruhig zu Gesellschaft, Kunst und Kultur zu Wort, spielt Flöte und mit seinen Kindern.

Gedruckt mit freundlicher Unterstützung durch
die Kulturabteilung der Stadt Wien, die Stadt Linz, die Stadt Wels und
das Land Oberösterreich.

Stadt Wien

Linz verändert

UNTERSTÜTZT VON DER STADT WELS

mit Unterstützung von Kultur ober österreich

www.kremayr-scheriau.at

ISBN 978-3-218-01292-8

Linolschnitt, Schutzumschlaggestaltung,
typografische Gestaltung und Satz: Sheila Ehm
Reihen-Konzept: Stefanie Jaksch
Lektorat: Paul Maercker
Druck und Bindung: FINIDR s.r.o., Český Těšín

FSC www.fsc.org
MIX
Papier aus verantwortungsvollen Quellen
FSC® C014138